*Felicitas Vogt*

*Sucht hat viele Gesichter*

**aethera®**

die heilenden Kräfte im Menschen stärken,
die Bildung des eigenständigen Urteils unterstützen,
die Initiativbereitschaft von Patienten und Verbrauchern fördern.

An der Herausgabe des aethera-Programmes wirken mit:
der Verein für Anthroposophisches Heilwesen,
die Heilmittelfirma Weleda, die Gesellschaft Anthroposophischer Ärzte
und die Medizinische Sektion am Goetheanum.

*Über dieses Buch:* Aus der langjährigen Praxis als Lehrerin und Suchtberaterin beschreibt Felicitas Vogt plastisch und hautnah die inneren und äußeren Einflüsse, die zur Sucht führen können. Diese sind gegenwärtig so zahlreich wie nie zuvor: Kinder und Jugendliche sind heute mit Situationen konfrontiert, die ein enormes seelisches Stehvermögen verlangen.
Weitere Themen sind die Folgen und Risiken des Drogenkonsums, die verschiedenen Drogen und ihre Wirkung, die Gründe, die zur Abhängigkeit führen, die Phasen und Methoden des Entzugs, die Möglichkeiten der Prävention. Breiter Raum ist dabei Original-Protokollen von Gesprächen mit Jugendlichen eingeräumt, die mehr aussagen als manch kluge Abhandlung.

*Über die Autorin:* Felicitas Vogt, geboren 1952 in Köln. Theologie- und Sportstudium. 12 Jahre lang Klassenlehrerin an der Freien Waldorfschule Würzburg. Bereits während des Studiums Begleitung von Sektenabhängigen und Beschäftigung mit Drogensüchtigen. Seit 1988 Vorträge und Seminare zu den Themen Sucht, Prävention, Lebensfragen. Seit 1994 Mitarbeiterin der Medizinischen- und Pädagogischen Sektion am Goetheanum in Dornach.
Seit 1996 Geschäftsführerin des Vereins für Anthroposophisches Heilwesen e.V. in Bad Liebenzell.

Felicitas Vogt

# Sucht hat viele Gesichter

Warum der Griff nach Drogen?

Verstehen – vorbeugen – behandeln

1. Auflage 2000
aethera im Verlag Freies Geistesleben & Urachhaus GmbH
Landhausstr. 82, 70190 Stuttgart
Internet: www.aethera.de
ISBN 3-7725-5025-8
© 2000 Verlag Freies Geistesleben & Urachhaus GmbH, Stuttgart
Umschlagbild: © Zefa
Druck: Offizin Chr. Scheufele, Stuttgart

# Inhalt

**Vorwort (Michaela Glöckler)** 8

**Einleitung** 10

**Droge und Jugend – ein Synonym?** 14
    Michael 14
    Jugend heute 19
    Benjamin 25
    Eltern berichten 27

**Sucht – Fesselung des Ich** 38
    Drogen und ihre Wirkung 38
    Drogenabhängigkeit 39
    Wie wirkt welche Droge? 41
    Warum Drogen? – Motive und Risiken 45

**Sozialer Kältesturz und seine Folgen** 50
    Stefan 50
    «Ich verstehe gut» 52
    Lea 52
    Ecstasy 53
    Haben wir Zeit! 54

## Sucht und Ich-Entwicklung  60
### Menschheitsentwicklung  60
### Krisen bejahen  62
### Sucht hat viele Gesichter  63
### Was führt in die Sucht?  65

## Beziehung heute – Soziale Kompetenz morgen  72
### Verstehen wir unsere Kinder und Jugendlichen?  72
### Suche nach sich selbst  75
### Entfremdungen heute  77
### Kindheitskräfte  82
### Warum Huckleberry Finn nicht süchtig wurde  82

## Prävention – ist das möglich?  88
### Kindheitskräfte erhalten  89
### Prävention heute  90
### Was ich selbst erlebe, kann mir keine Droge bieten  93

## Was tun, wenn …?  102
### Ein Nicht-Dialog  102
### Fluchtmittel Droge  103
### Was tun im Elternhaus, wenn …?  105
### Was tun in der Schule, wenn …?  107

**Anthroposophische Drogentherapie** 114
Therapiephasen 114
Die Entwicklungsphasen der ersten 3 Jahrsiebte 114
Der therapeutische Weg 116

**Ich habe einen Traum** 122
Schluss 123

**Anmerkungen** 126

**Literatur zum Thema Drogen** 127

**Bildnachweis** 128

**Adressen** 129

# Vorwort

Vor einigen Jahren ging eine Hochrechnung der Weltgesundheitsorganisation durch die Medien: Wenn der Drogen- und Medikamentenmissbrauch weiter so rasch zunähme wie in den letzten 20 Jahren, so wäre im Jahre 2100 jeder zweite Mensch Tabletten- oder drogenabhängig. Was sagt uns eine solche Zahl? Welche Botschaft will sie vermitteln? Gegenwärtig sind es zwei Tendenzen, die den aktuellen Stand der Literatur zu diesem Thema kennzeichnen: Die Normalisierung des Drogenkonsums und seine Bekämpfung.

Ist nicht längst als normal zu bezeichnen, womit sich jeder Jugendliche und bald jedes Kind auseinandersetzen muss? Oder muss man nicht noch viel intensiver vorbeugen, kontrollieren, bestrafen und behandeln, um des Übels Herr zu werden? Was dabei jedoch meist ganz im Hintergrund bleibt, ist die Tatsache, dass Sucht und Abhängigkeit und der Gebrauch von Drogen noch nie in der Menschheitsgeschichte zu Problemen insbesondere im Jugend- und auch zunehmend im Kindesalter geworden sind. Sie gehören als typische Zeiterscheinungen dem 20. Jahrhundert an und werden das 21. Jahrhundert noch nachhaltiger prägen.

Als ich Felicitas Vogt vor Jahren auf einer Jugendtagung – von Schülern selbst organisiert – kennenlernte, war dies bald unser Gesprächsthema. Welche Mission hat die Drogenthematik im Jugendalter? Warum gehört sie in die Geschichte des 20. Jahrhunderts? Was können, was müssen wir alle daraus lernen – als Zeitgenossen?

Felicitas Vogt stellt in ihrem Buch die Frage nach dem Sinn dieser Zeiterscheinung in den Mittelpunkt. Dabei erscheint es einem so, als hätten die vielen Jugendlichen, mit denen sie gearbeitet hat, das Buch mitverfasst und geholfen, dass es eine Form findet, die insbesondere Schüler anspricht. Ich hoffe aber, dass auch selbst nicht betroffene Eltern und Erzieher danach greifen werden, um zu verstehen, warum für sie das Thema Droge und Sucht vielleicht bisher noch kein Thema war, es aber jetzt doch werden kann. Möge es diesem Buch gelingen, dass sich die von Drogenkonsum und Suchtverhalten scheinbar nicht Betroffenen angeregt fühlen, ihre gesellschaftliche Mitverantwortung und Mitbetroffenheit zu erkennen.

Medizinische Sektion  *Michaela Glöckler*
am Goetheanum
Johanni 2000

# Einleitung

Nach über 20-jähriger Auseinandersetzung mit Sucht und all ihren Erscheinungsformen ist mir eines klar geworden: Suchttendenzen gehören zu unserer Zeit genauso wie die Möglichkeiten zu Selbstbestimmung und Freiheit. Um es auf den Punkt zu bringen:

*Ohne Suchtgefahr keine Freiheitschance!*

Wer Suchtgefahren wegschaffen und Süchte verhindern will, beraubt den Menschen der kostbaren Möglichkeit, an dem Entscheidungskampf gegen die Abhängigkeit reif zu werden für die Freiheit.

Was heißt das aber für die Generation unserer Kinder, die sich intensiv mit Sucht und Droge auseinandersetzen muss, weil sie in ihrer Welt unmittelbar präsent sind – viel stärker, als wir Erwachsenen es oft ahnen? Wie können wir unseren Kindern bei dieser Auseinandersetzung helfen und sie urteilskräftig machen?

Versuchen wir, dem Phänomen der Sucht und seinem Umfeld auf den verschiedenen Ebenen, auf denen Menschen mit Sucht zu tun haben, neu zu begegnen – offen, suchend, fragend, ohne Rezepterwartung.

Entdecken wir an den Aussagen Betroffener, an der Charakterisierung des Phänomens Sucht, an den darstellbaren Zusammenhängen und Ursachen, an den Aussagen wacher Zeitkritiker, wie weit wir selbst Betroffene sind, dann kann diese Begegnung uns zu einer *eigenen inneren Auseinandersetzung mit Sucht und Drogen* führen.

Nichts kann uns lebendiger mit unseren Kindern und Jugendlichen, mit unseren süchtigen Mitmenschen in Beziehung bringen als die eigene innere Betroffenheit an diesem Thema!

Ich danke an dieser Stelle den vielen Menschen, Eltern, Lehrern wie Schülern, die sich in zahllosen Gesprächen offen und ehrlich mit mir in einen oft nicht einfachen Prozess begeben haben. Ohne sie wäre dieses Buch nicht entstanden.

Ihnen sei es in Freundschaft gewidmet!

Ostern 2000 *Felicitas Vogt*

*Freiheit im tiefsten Sinne des Wortes bedeutet mehr,
als ohne Rückhalt zu sagen, was ich denke.
Freiheit bedeutet auch, dass ich den anderen sehe,
dass ich mich in seine Lage hineinversetze
und dass ich imstande bin, durch einfühlsames
Begreifen von alledem, meine Freiheit auszuweiten.
Denn was ist das gegenseitige Verständnis anderes
als die Ausweitung der Freiheit und die Vertiefung
der Wahrheit.*

Vaclav Havel

# Droge und Jugend – ein Synonym?

## Michael

Michael kommt zu mir in die Beratung, freiwillig. Er lümmelt sich auf den Stuhl mir gegenüber und fängt im Plauderton an: «Ich habe gehört, Sie können mir helfen, weiß eigentlich auch nicht so genau wobei, aber irgendwie bekomme ich das alles nicht mehr so in den Griff.»

«Aha, Sie bekommen das alles so nicht mehr in den Griff.»

«Na ja, ich meine, ich würde mich eher im Moment als etwas willensschwach bezeichnen.»

«Ah ja, Sie beschreiben sich selbst als willensschwach.»

«Ja, sagte ich ja. Also nicht immer, aber ich tue halt nicht immer das, was ich gerne hätte, dass ich es täte.»

«Sie sagen von sich, dass Sie sich etwas vornehmen und es dann aber nicht wirklich tun.»

«Ja, das habe ich gesagt; ich kriege das nicht so ganz in den Griff und da dachte ich, Sie könnten mir da helfen.»

«Sie dachten, ich könnte Ihnen dabei helfen.»

«Ja. Wieso wiederholen Sie mich eigentlich die ganze Zeit?»

«Ich will sichergehen, dass ich Sie richtig verstehe.»

«Ja, Sie sollen mir helfen, dass ich wieder das tue, was ich will.»

«Sie wollen mich darum bitten, dass ich Ihnen helfe, dass Sie das tun, was Sie wollen? Ist das Ihr Ernst?»

«Ja, das ist mein voller Ernst.»

Pause, lange Pause.

«Michael, ich habe eine Vermutung, woran Ihre Willensschwäche liegen könnte.»

«Ja, gut, ich habe in der letzten Zeit etwas mehr als gewöhnlich gekifft, vielleicht hängt das ja damit zusammen.»

«Michael, Sie meinen, dass Ihre Willensschwäche u.U. mit dem Kiffen zusammenhängen könnte?»

«Ja, das habe ich gesagt. Könnte ja sein, was meinen Sie?»

«Michael, ich wiederhole Sie: Sie vermuten einen Zusammenhang zwischen Ihrer Willensschwäche und dem Kiff-Konsum.»

«Ja, das vermute ich.»

«Was schlagen Sie vor, Michael, was man da tun könnte?»

«Ja, ich kann ja aufhören, aber ich weiß halt nicht wie.»

«Sie wissen nicht, wie Sie aufhören sollen, aber Sie wissen, dass, wenn Sie aufhören, Sie wieder willensstärker werden.»

«Ja, und ich habe von einem Klassenkameraden gehört, dass Sie das bei dem schon einmal fertig gebracht haben. Der hat aufgehört. Und jetzt möchte ich gerne, dass Sie das bei mir auch schaffen.»

«Michael, ich glaube, hier liegt ein Missverständnis vor. Wenn Sie mich zur Ersatzdroge machen wollen, dann sage ich Ihnen von vornherein, dass ich damit nicht dienen kann.

Wir können gemeinsam versuchen herauszufinden, wie Sie selbst aus dem Kiff-Konsum herauskommen. Aber nur, wenn Sie wollen. Nicht, weil ich das will, sondern nur, wenn Sie es wollen.»

Das Gespräch geht in diesem Stil 1 1/2 Stunden lang. Dann endet es offen. Er will sich wieder melden, wenn er das Gefühl hat, dass er es braucht.

Nach drei Monaten ein Anruf:

«Hallo, Frau Vogt, hier ist Michael. Ich wollte nur sagen, ich habe es geschafft, Sie wissen schon ...»

«Wie haben Sie das geschafft?»

«Na ja ‚unser Gespräch ...»

«Aber ich habe Ihnen doch gar nicht gesagt, wie Sie das machen können ...»

«Ja – eben ... drum.»

> «Und dieses Ich hat eigene Gesetzmäßigkeiten. Um es mit anderen Worten auszudrücken: das Ich hat gewisse Wachstumsbedingungen. Es ernährt sich ausschließlich nur von den Bewegungen, die es selbst macht. Solche, die andere an seiner Stelle machen, sind ihm nicht nur nicht Hilfen, sondern schwächen es nur. Hat es nicht aus eigenem Antrieb den halben Weg zu den Dingen gemacht, so stoßen diese es zurück, schränken es ein und ruhen nicht, bis es das Feld räumt oder stirbt.»[1]

Michael ist auf seinem Weg. Er hat begriffen, dass Drogenberatung nicht heißt, dass ich ihm anstelle der Droge sage, wo es langgeht. Er hat begriffen, dass er den Funken der Selbstbestimmung in sich entdecken muss – dass es ohne eigene Willensanstrengung nicht geht.

Die vielen Beratungen jugendlicher Drogenkonsumenten haben mich eines gelehrt: Nicht ich kann ihnen helfen, nur sie selbst können ihren Weg aus dem Drogenkonsum finden. Im gemeinsamen Ringen um die Gründe und Ursachen ihres Konsums kann die eigene innere Aktivität geweckt werden. Erlebt der Jugendliche dann den Freiheitsraum der eigenen Entscheidung, kann die Kraft wachsen, sich von der Droge zu befreien. Das gilt für Jugendliche ab 16,17 Jahren. Den jüngeren müssen selbstverständlich andere Hilfestellungen und klare Grenzen geboten werden.

Ein Ziel meiner Gespräche mit Jugendlichen ist es, Grundlagen zu schaffen für die eigene bewusste Entscheidung. Dazu sind zunächst einmal klare und nüchterne Informationen zum Sucht- und Drogenbereich erforderlich. In einem nächsten Schritt geht es darum, abhängiges und süchtiges Verhalten zu charakterisieren. Die Frage nach dem Ich, nach seiner Freiheit und Verantwortung ist zu bearbeiten. Findet dann von beiden Seiten aus eine offene Auseinandersetzung mit dem eigenen Suchtpotenzial statt, erfährt der Jugendliche eine wesentliche Erweiterung seiner bisher vorwie-

> Großer Geist,
> bewahre mich davor,
> über einen Menschen zu urteilen,
> ehe ich nicht eine Meile
> in seinen Mokassins gegangen bin.
>
> Unbekannter Apachenkrieger[2]

gend persönlich bestimmten Einschätzung des Drogenkonsums. Diese Basis gibt ihm den notwendigen Freiraum, sein Suchtverhalten objektiver und eigenständiger zu beurteilen – eine wesentliche Voraussetzung für eine selbstbestimmte Entscheidung.

Alles dagegen, was von aussen an moralisierendem Anspruch gestellt wird, muss in diesem Alter als Eingriff in die eigene Freiheitssphäre erlebt und damit abgelehnt werden.

Hier müssen wir Erwachsene, Eltern wie Lehrer, lernen, den Heranwachsenden mit zunehmender Verantwortungsbereitschaft auch zunehmende Freiheitsräume zu gewähren. Nicht zu Unrecht werfen uns Jugendliche oftmals vor, dass wir sie durch festgelegte Vorstellungen von einem sinnvollen Lebensstil daran hindern, ihren eigenen individuellen Weg zu gehen.

**Unsere heile Welt**

Hurra, uns geht es allen gut!
Wir machen nur, was uns gefällt.
Und liegen andere im Blut –
Was kümmert uns der Rest der Welt.
Im Kongo, da ist Krieg, na und!
Da sterben Menschen, scheißegal!
Was zählt, das ist nur unser Mund,
Dass er genug kriegt, voll normal!

Hurra, uns geht es wunderbar!
Afghanistan? Noch nie gehört.
Wieso? Weshalb? Was ist denn da?
Egal, uns hat's noch nie gestört!
Nur wenn sie zu uns kommen wollen –
Was wäre, wenn sie alle kämen –
Wir sagen, dass sie abhaun sollen,

Zu ihren eigenen Problemen!

Hurra, uns geht es allen gut!
Na fast, was kümmern uns die Armen,
Mit diesen Pennern voller Blut,
Da haben wir doch kein Erbarmen!

Hurra, uns geht es allen gut!
Denn wir, wir sind der reiche Westen.
Und herrscht in Afrika die Armut,
Egal, wir sind die Allerbesten.
Wir brauchen Kaffee, Holz, Papier
Und geben dafür unser Geld.
Mit unsrer riesengroßen Gier
Erkaufen wir die ganze Welt.

Hurra, uns geht es einfach geil!
Wir haben Geld, wir haben Essen.
Ja unser Deutschland ist so heil,
Wir haben Macht, wir haben Fressen!
Es interessiert uns nicht, mitnichten,
Es interessiert uns einen Scheißdreck,
Warum solln wir auf was verzichten,
Wenn andere sterben, ganz weit weg.

Wir alle wissen, ihr und ich,
Dass einige von uns so denken.
Und wenn wir nichts tun, dann wird sich
Ihr Lebensstandard weiter senken.
Doch wenn statt reden wir auch handeln
Und viel verändern hier auf Erden,
Dann können wir die Welt verwandeln
Und diese Menschen besser werden!!!

Gedicht eines Elftklässlers

# Jugend heute

Protest der Jugendseele gegen die heutige Welt – wir erleben ihn überall. Als Aufschrei wie dieses Gedicht, als Flucht wie Drogenkonsum und Magersucht, als Resignation wie interesseloses Angepasstsein.

Das Drama des Jugendlichen spielt sich ab in der Konfrontation des aufbrechenden eigenen Innenlebens mit der Außenwelt. Uneingeschränkte Hingabe an ein Außen, an ein du wechselt ab mit vollständiger Ablehnung. Radikal werden die sympathischen und antipathischen Seelenregungen ausgelebt – von der willenlosen Anhängerschaft in Jugendgangs und Jugendsekten bis hin zu eiserner Ablehnung des eigenen Körpers reicht das mögliche Spektrum. Wo die Innenwelt zum einzig gültigen Maßstab wird, findet existenzielle Auseinandersetzung mit der Außenwelt statt.

Individualisierung kennzeichnet den heutigen Jugendlichen. Er ist kaum noch festzulegen auf *einen* Begriff, auf *eine* Zugehörigkeit. Modische Attribute, Statussymbole sind eher Maskierung als Gruppenkennzeichen.

Jugendliche haben sich schon immer ihren Identitätsraum mit eigenen Attributen aufgebaut.

Gerade das kennzeichnet den Jugendlichen, sich mit schrillen, unüblichen Kleidern, einem schockierenden Outfit von der etablierten Gesellschaft abzusetzen.

Heute wird ihnen diese Abgrenzung von der Erwachsenenwelt jedoch kaum noch gelassen. Jede Provokation wird von der Gesellschaft unmittelbar in Beschlag genommen und vermarktet. So geschah es mit der Punk-Bewegung, deren Outfit in kurzer Zeit den Modetrend bestimmte und inzwischen in jedem Laden zu erstehen ist. So geschieht es ebenfalls mit dem Piercing und der Techno-Szene. Was vor einigen Jahren noch schockierende Provokation war, gehört heute bereits zum guten Stil – sogar im fortgeschrittenen Alter.

«Ich kann mich nicht daran erinnern, dass ich als Kind jemals meine Ängste oder Gefühle hätte offen zeigen können. Ich wäre als Weichling abgestempelt worden.»

*17jähriger im Beratungsgespräch*

Es wird den Jugendlichen schon schwer gemacht, sich klar von den Erwachsenen abzugrenzen.

Dennoch gibt es Gemeinsamkeiten, die den heutigen Jugendlichen charakterisieren:

Die Maske, hinter der das eigene Innere mit seinen individuellen Sehnsüchten stärker denn je verborgen wird, gehört dazu.

Innere Lebenseinstellungen, Lebensmotive und -ziele werden heute als intimer erlebt und verborgener gehalten als das frühere Tabuthema Sexualität.

Die Sehnsucht nach Rauscherfahrung, nach Grenzerlebnis, um die einseitige Bindung ans Materielle zu durchbrechen, die Kopflastigkeit unserer Zeit zu überwinden, ist ebenfalls verbindendes Jugendmerkmal.

Bungeejumping, Extremsportarten, Abenteuerfahrten bis hin zur realen Todesgefahr sind Ausdruck dessen.

Moritz:

Bei einem anderen Kletterunfall schwebte ich kurz in Todesgefahr; dabei erlebte ich, wie mein ganzes Leben wie bei einem Film mit bunten Bildern abgespult wurde. Auch andere haben mir das schon erzählt. Dieses Erlebnis hat mich schwer beeindruckt, da auch meine schlechten Tage gezeigt wurden; ich glaube, es hat mich auch verändert.[3]

Axel:

Für mich gibt es zwei Arten von Abenteuern: Bungeejumping-Abenteuer, bei denen der reine billige Kick zählt, und Bergsteiger-Abenteuer, die mit großen Anstrengungen verbunden sind. Wenn wir den

ganzen Tag gewandert sind und am Abend nach manchen Strapazen das Ziel erreicht haben, fühlen wir uns rundum zufrieden; so zufrieden, dass es uns innerlich «satt» macht. Andere Abenteuer dagegen sind vielleicht spektakulärer, machen einen «high», die Wirkung hält aber nicht solange an oder man hat einen «Kater» hinterher. Nach meiner Meinung gibt es sehr viele Möglichkeiten und auch Fallen; es muss einfach die Spreu vom Weizen getrennt werden. Im Rückblick auf meine Schulzeit waren Ferienlager, Klassenfahrten und Projekte herausragende Erlebnisse. Echte Herausforderungen und spannende Projekte könnten an der Schule durchaus mehr vorhanden sein. Bei meiner Arbeit mit den Kindern als Jugendleiter habe ich erfahren, wie wertvoll mutige Aktionen für Kinder sind. Nach einer Bergtour, Höhlenexpediton, Tunnelerkundung oder Ruinenerforschung stehen die Kinder einfach anders dar: sicherer und gefestigter; aber auch verantwortungsbewusster, denn wir legen großen Wert auf Rücksichtnahme und Tragen von Verantwortung.[4]

... denn wir legen großen Wert auf Rücksichtnahme und Tragen von Verantwortung ...

Junge Menschen wollen auch heute, genau wie früher, Verantwortung übernehmen und sich sozial verbinden. Sie wollen Beziehungen tief erleben, ihr Abgegrenztsein, ihre Isolation sprengen, sich öffnen zum andern hin.

Die Hürden, die auf diesem Weg liegen, haben sie aber kaum jemals gelernt zu überwinden. Es liegt für viele von ihnen daher nahe, sich von einer Substanz helfen zu lassen, die sich als «joint», als «Verbindungsstück», anbietet: Der Haschisch-Joint vermittelt das Gefühl, mit den anderen verbunden zu sein, zu ihnen zu gehören; die Umwelt intensiver und lebendiger zu erleben, von ihr aufgesogen zu werden, mit ihr zu verschmelzen. Das Verführerische, dass diese zu Recht ersehnten Erlebnisse ohne jede eigene Aktivität, ohne jegliche Anstrengung von der Substanz scheinbar vermittelt werden, führt zahllose Jugendliche in eine Haschisch-Abhängigkeit, aus der sie sich kaum selbst befreien können.

Das stellt uns Erwachsenen eindringlich die Fragen:

Sind wir betroffen von den ausgesprochenen und unausgesprochenen Sehnsüchten unserer Jugendlichen in dieser Welt des Materialismus, der Arbeitslosigkeit, der geistlosen Freizeitvergnügungen, des Sozialverfalls?

Lassen wir uns ein auf das, was von dem Jugendlichen kommt? Kümmern wir uns um die realen Bedingungen, die er zur Verwirklichung seiner Wünsche und Bedürfnisse braucht?

Nehmen wir die Jugendfragen wahr, die uns mehr unausgesprochen als ausgesprochen in vielfältiger Form gestellt werden:

Werde ich in dieser Welt gebraucht? Habe ich eine Aufgabe in ihr?

Wie kann ich meine Lebensziele finden?

Gibt es Menschen, die meine unausgesprochenen Fragen hören?

Werde ich wahrgenommen?

Wo liegt meine Bedeutung? Gibt es etwas, worin ich einmalig bin?

Was ist Freiheit? Was ist Liebe? Viele Jugendliche empfinden sich unausgesprochen als schuldig für alles Mögliche – auch für viele Aktionen und Reaktionen der Erwachsenen. Nach dem Motto: «Ich bin das Problem; … ohne mich ginge es euch besser; … eigentlich wollt ihr mich gar nicht; … ich belaste euch nur … » sind junge Menschen oft beseelt, wenn nicht gar besessen von dem Gedanken, sich bloß noch «wegzuräumen». Wie viel Verletztheit spricht sich hier aus …

Die Sehnsucht, sich selbst als ein schöpferisches, geistbegabtes Wesen zu erleben und als ein solches an befriedigenden sozialen

Verhältnissen und Lebensformen zu arbeiten, ist die empfindlichste, verletztlichste Stelle in der Jugendseele heute. Lebt der Jugendliche in unserer Gesellschaft doch nicht mehr in gesicherten sozialen Räumen, die dem Einzelnen einen klaren, sicheren Standort zuweisen. Er erlebt kaum Erwachsene um sich, die Sicherheit und Ruhe ausstrahlen, an denen er Orientierung finden könnte.

So hat ein Jugendlicher in einem Beratungsgespräch zum Ausdruck gebracht: «Ihr Erwachsenen seid doch überhaupt nicht begegnungsfähig – ich erlebe nur Masken; ihr seid überhaupt nicht konfliktfähig – ich erlebe nur Rechtfertigung; ihr seid überhaupt nicht wahrnehmungsfähig – ihr nehmt mich doch überhaupt nicht wahr, sondern habt nur Schubladen für mein Verhalten. Ihr seid so erschöpft und ausgebrannt, dass ich euch mit meinen Problemen nicht auch noch belasten will. Ihr strahlt überhaupt keine Lebensfreude aus. An euch erlebe ich keinen Sinn im Leben.»

Das sind mächtige Vorwürfe, die stellvertretend stehen sollen für die zahlreichen unausgesprochenen all der anderen Jugendlichen, die sich von uns Erwachsenen allein gelassen fühlen. Es sind berechtigte Vorwürfe, denn wer von uns bringt schon die Kraft auf, sich ernsthaft mit dem Heranwachsenden und seinen Problemen auseinanderzusetzen, ihm die notwendige Reibungsfläche zu bieten? Diese Reibung würde dem Jugendlichen Orientierung und vor allem auch Wärme bieten – beides braucht er heute dringender denn je.

Findet er diese Auseinandersetzung nicht mit «seinen» Erwachsenen, sucht er sie anderswo – in extremen Strapazen, in Grenzerlebnissen oder aber er ahmt uns nach und weicht Problemen und Konflikten aus und versucht durch Ersatzerlebnisse seine tief verborgenen Sehnsüchte wie auch immer zu befriedigen.

# Benjamin

Benjamin kommt in meine Drogenberatung, unfreiwillig.

Man sieht förmlich noch die schiebende, väterliche Hand, die sich dann zurückzieht. Benjamin ist mit mir alleine im Zimmer.

Arrogant, aufgeblasen – er weiß eigentlich gar nicht, was er bei mir soll.

Betretenes Schweigen. Ich begrüße ihn freundlich.

Benjamin: »Na ja, nun lassen Sie mal kommen. Ich habe gehört, Sie kennen sich mit THC ganz gut aus.«

«Was wollen Sie denn über THC wissen?»

«Na ja, was das so tut im Gehirn und so. Man hört ja, es soll einige Schäden verursachen, davon bin ich aber nicht ganz überzeugt.»

Ich erzähle Benjamin von der Wirkung des Tetrahydrocanabinol Delta 9, dass im Gehirn eben ganz bestimmte Prozesse abgelähmt, gestoppt werden, dass Haschisch-Konsum Auswirkungen auf die Leberfunktion hat, dass es Auswirkungen auf die eigene Willensaktivität hat, dass es Auswirkungen hat auf die Zielsetzung in seinem eigenen Leben usw …

Das ist alles nicht neu für Benjamin. Er zeigt es drastisch, unmissverständlich, er testet mich weiter ab, stellt kluge Fragen.

Nach einer Stunde der «Prüfung» beendet er das Gespräch, steht auf und geht. Ich habe ein erbärmliches Gefühl, versagt zu haben.

Das war alles andere als eine Drogenberatung, das war eine Prüfung, die ich vor einem Jugendlichen heute nicht bestanden habe.

Eine halbe Stunde später klingelt das Telefon. Die Mutter des Jungen ruft an und fragt, wie es denn war. Sie klingt sehr erwartungsvoll, voller Hoffnung, das Drogenproblem des Jungen endlich gelöst zu bekommen. Ich muss sie enttäuschen und sage ihr, dass es anders war als erwartet. Ich bitte Sie, Ihren Sohn frei wählen zu lassen, ob er sich bei mir noch einmal melden will oder nicht.

Er meldet sich nach 14 Tagen. Fortsetzung der Testsituation. Ich unterbreche das Frage- und Antwortspiel und frage ihn, was er eigentlich wissen will. Er versteht nicht, dass er wegen seines Kiff-Konsums, der sich inzwischen auf 2 – 3-mal täglich beläuft, von der Schule gewiesen werden soll. Er begreift es nicht. Die Frage, ob er dealt, wird nicht beantwortet. Ich versuche ihm verständlich zu machen, dass seine Lehrer eine Verpflichtung haben, ihn selbst und auch andere Schüler vor der Wirkung der Drogen zu schützen, dass Lehrer den berechtigten Anspruch haben, in einem drogenfreien Raum zu unterrichten. Das leuchtet ihm ein, aber: für ihn trifft alles nicht zu.

Wir verabreden eine neue Begegnung, gemeinsam mit seinen Eltern, mit Lehrern seines Vertrauens, mit seiner Therapeutin.

Es kommt zu wiederholten Gesprächen, in denen Benjamin uns alle «platt» redet. Er ist klug, intelligent, schnell, argumentationsstark. Die Gespräche nehmen ihren gewöhnlichen Verlauf. Man muss aufpassen, von ihm nicht über den Tisch gezogen zu werden.

Irgendwann werde ich zornig und sage: «Benjamin, ich mache diese Diskussion nicht mehr mit. Hören Sie auf damit, wir drehen uns nur im Kreis. Nehmen Sie doch Ihre Drogen oder gehen Sie ins Kloster!»

Das ist der Wendepunkt unserer gemeinsamen Sitzungen. Benjamin reißt seine Augen auf und sagt: «Hätten Sie das nicht schon bei der ersten Sitzung sagen können?».

Ich wundere mich, halte inne und bin einen Moment lang nicht sicher, ob er das mit den Drogen meint oder das mit dem Kloster. Er versichert, das mit dem Kloster sei eine geniale Idee, denn das sei sein Problem. Benjamin schildert nun das erste Mal stammelnd, verzweifelt, nicht mehr argumentierend:

«Die Welt ist mir zu laut – ich ertrage die Geschwindigkeit nicht – ich komme in dieser Zeit nicht zurecht. Ich bin mir nicht sicher, ob ich zu früh oder zu spät geboren bin. Dies jedenfalls ist nicht meine Zeit. Ich finde meine Freunde nicht; ich finde mich nicht; ich fühle mich völlig heimatlos; ich weiß nicht, wohin ich gehöre, finde den Sinn nicht und keine Erwachsenen, in Ruhe darüber zu sprechen.

Ihr ertragt keine Konflikte, seid selber immer am Rand Eurer Kraft und nehmt uns doch gar nicht wirklich wahr.»

Ein starker Tobak – aber Wahrheit tut immer auch ein bisschen weh.

*Es geht heute darum, nicht die Jugendlichen zum Problem der heutigen Zeit zu machen, sondern gemeinsam mit ihnen an die Fragen und Probleme unserer Zeit heranzugehen.*

Gemeinsam mit dem Jugendlichen muss die Frage nach der Ich-Aktivität und Verantwortung gestellt werden, um das Problem der Entmündigung des Menschen durch gesellschaftliche Bestimmungen, um das Problem der Manipulierbarkeit in unserer Gesellschaft zu durchschauen. Nur so ist die Verantwortungsbereitschaft in den Jugendseelen zu aktivieren, die reichlicher vorhanden ist, als wir oft ahnen.

# Eltern berichten

### Bericht der Mutter

Bei Benjamin hatte sich schon als kleines Kind eine ausgeprägte Hyperaktivität gezeigt. Mit verschiedenen Therapien und Behandlungen hatten wir versucht, ihn zu unterstützen, damit er innerlich ein wenig mehr zur Ruhe kommen konnte. Seine Aufmerksamkeit für alles, was ihn umgab, war ununterbrochen hoch. Für alles begeisterte er sich schnell und ging ebenso schnell zum Nächsten über.

«Hyperaktive Kinder haben eine besondere Affinität zu Drogen», so las ich, nahm das aber gar nicht weiter für voll – in unserer Familie war das einfach kein Thema.

Das änderte sich schlagartig, als Benjamin 14 Jahre alt war. Sein Verhalten, sein Auftreten waren plötzlich ganz anders als bisher. Das für ihn so typische Interesse für alles wurde von Desinteresse abgelöst; ja, er fühlte sich immer häufiger gelangweilt. Seine Offenheit, mit der er bisher auf alles zugegangen war, verwandelte sich in Zurückhaltung, später sogar in Ängstlichkeit. Dieser Umschwung machte mir blitzartig klar, dass Benjamin Drogen nahm. Ich fühlte mich wie in eiskaltes Wasser geworfen, wollte aber auf keinen Fall meinen Kopf in den Sand stecken.

Nach anfänglichem Abstreiten gab Benjamin einen regelmäßigen Haschisch-Konsum zu.

In der Hoffnung Rat zu finden, gingen wir mit ihm zu einer Drogenberatungsstelle. Unsere Enttäuschung und unser Entsetzen waren groß, als wir dort im Beisein von Benjamin die Belehrung erfuhren, dass wir als Eltern den Konsum sowieso nicht verhindern könnten und wir einfach unsere Haltung dazu verändern müssten. Es war klar, dass man hier den Haschisch-Konsum nicht für voll nahm, sondern ihn akzeptierte. Von dieser Seite war also keine Hilfe zu erwarten.

Wir aber wollten und konnten uns damit nicht zufrieden geben. Zu tief hatte diese Droge in Benjamins Befinden eingegriffen und ihn verändert.

Ich informierte mich von nun an, wo es nur ging, über die Wirkung der einzelnen Drogen auf den Konsumenten und sein Verhalten. Ich wollte wissen, worauf ich bei Benjamin achten musste.

Wie sehr er sich selbst von dieser Situation überfordert fühlte, zeigte sich daran, dass er seine jüngere Schwester mit allem ins Vertrauen zog.

Es kam sehr bald die Zeit, in der ihm das Geld nicht mehr ausreichte, um seinen neuen «Lebensstil» zu finanzieren. Als ich entdeckte, dass Benjamin sich bei mir das notwendige Geld einfach nahm, bekam mein Vertrauen zu ihm einen tiefen Riss. Niemals zuvor hatte ich vor irgendeinem Menschen etwas verschließen müssen, und so war das Misstrauen gegen ihn ab diesem Zeitpunkt ständiger Begleiter unserer Beziehung.

Das war damals einer der schmerzlichsten Momente für mich.

Mit der Zeit lernte ich in meiner Beziehung zu Benjamin, jedes Problem offen anzusprechen und mit ihm zusammen nach Lösungen zu suchen. Das war die einzige Hilfe, die ich ihm geben konnte: an meinem Verhalten musste er die Kluft erleben zwischen seinem Handeln und den gemeinsam getroffenen Verabredungen. Verhindern konnte ich nichts, aber wenigstens Orientierung geben.

Obwohl er die Gelegenheit, mit mir über seine Angelegenheiten und Probleme zu sprechen, immer wieder nutzte, wurde er mir gegenüber immer aggressiver – so weit, dass ich manchmal das Gefühl hatte, als ob mich aus seinen Augen nur noch der blanke Hass anblickte. Mit meiner Art, ihn auf alles offen anzusprechen, muss ich immer wieder wie ein rotes Tuch auf ihn gewirkt haben.

Zum Glück riss der innere Faden unserer Verbindung auch in dieser Zeit nie ganz ab!

Was mich über all die Jahre immer wieder erstaunt hat, war Benjamins Bereitschaft, sich auf Gespräche, Therapien etc. einzulassen. Nie war das ein Punkt, gegen den er sich verweigert hat. Inwieweit diese Gespräche mit Lehrern, Therapeuten etc. fruchtbar verliefen, hing davon ab, wie ehrlich ihm die Menschen dabei begegneten, denn dafür hatte er stets ganz sensible Antennen. Ich erinnere mich an eine Gesprächsrunde mit ihm – es ging dabei um seinen weiteren Verbleib in der Schule – wie wir gerungen haben, für ihn eine gute Möglichkeit zu finden, um Luft zu holen und neue Perspektiven zu entdecken. Nichts bewegte sich so lange, bis alle Teilnehmer ihre Masken fallen ließen und sich als Mensch – und nicht mehr als Lehrer, Psychologe, Berater, Eltern – bemühten, sich ehrlich auf die Situation einzulassen.

Am schwierigsten waren die Zeiten, in denen Benjamin seine Ziele aus den Augen verlor, in denen er zu wenig von dem, was er sich vorgenommen hatte, in die Tat umsetzte. Er hatte immer wieder gezeigt, dass er das konnte. Entscheidend dafür war aber, dass er es selber wirklich wollte. Dann konnte er geballt all seine Fähigkeiten und Kräfte einsetzen und erreichen, was er sich vorgenommen hatte – etwas, was uns immer wieder in Erstaunen setzte, was wir nicht für möglich gehalten hätten. Das sind die kleinen Streiflichter am Horizont, an denen sich unsere Hoffnung immer wieder neu entzündet und uns Mut zum Durchhalten macht.

**Bericht des Vaters**

Wenn ich an die vergangenen 18 Jahre seit Benjamins Geburt zurückdenke, sind mir als Erstes die zahllosen Stress-Situationen von Benjamin mit mir, mit den anderen Familienmitgliedern und mit seinem jeweiligen Umfeld in Erinnerung. Die Vergangenheit hat bei mir deutliche Narben hinterlassen. Die ständigen Auseinandersetzungen mit Benjamin – ganz besonders seit Beginn seiner Pubertät und mit Einsetzen seines Drogenkonsums – haben das gesamte Familienklima in unguter Weise beeinflusst. Es erscheint mir ständig gereizt; wir reagieren auch untereinander oft viel zu aggressiv und in einem Tonfall, der sich vermutlich solange nicht mehr zurückschrauben lässt, wie Benjamin noch mit uns unter einem Dach lebt. Benjamin hat in der Vergangenheit stets Mittel und Wege gefunden, Nährboden dieses Familienklimas zu sein.

Es fällt mir nicht leicht, wenn ich heute feststellen muss, dass ich an vielen Stellen nicht mehr in der Lage war, den Familiengang zu gestalten. Meine Frau offensichtlich auch nicht. Die gegebenen Situationen mit und um Benjamin haben uns vielfach nur Raum für Reaktionen und kräftezehrende «Ausbesserungsarbeiten» gelassen – und wie oft waren meine Frau und ich diametral unterschiedlicher Meinung, wie solche Angelegenheiten sinnvoll zu bewältigen seien.

Zu dem Zeitpunkt, als das Thema Drogen in unserer Familie auftauchte, haben wir jedoch jede sich bietende Hilfe aufgegriffen, um uns mit dem Komplex auseinanderzusetzen mit dem klaren Ziel, unseren Sohn vor der Abhängigkeit zu bewahren. Auf der Suche nach «Lösungsmöglichkeiten», wie wir Erwachsenen das nennen, haben wir dann äußerst unterschiedliche Erfahrungen gemacht.

Benjamin war von Geburt an kränklich veranlagt; er war oft fahrig und nervös, spielte nicht gerne alleine, sondern brauchte dazu immer Mitspieler.

Benjamins schlechte körperliche Verfassung erforderte, dass

meine Frau mit ihm bereits wenige Wochen nach seiner Geburt eine außerordentlich anstrengende Krankengymnastik durchführen musste. Es war jedes Mal eine Qual – auch für uns. Aber Benjamin ist heute nicht zuletzt dadurch ein gut gebauter, kräftiger junger Mann.

Die Schulzeit verlief für Benjamin wenig befriedigend. Kurz beschrieben ist die Situation mit dem Begriff: «Das Drama des intelligenten Kindes». Vielfache Begleitung mit Heileurythmie und ausgiebige und regelmäßige Maltherapie waren notwendig, um Benjamins Entwicklung einigermaßen im Rahmen zu halten.

Der Unterforderung des Kindes durch den anstehenden Lernstoff seiner Klasse konnte beim besten Willen nicht von allen Seiten entsprechende Kompensation entgegengesetzt werden. Leider war seine körperliche Entwicklung zum damaligen Zeitpunkt noch so weit zurück, dass wir einer Einstufung in die nächst höhere Klasse unter keinen Umständen zustimmen konnten.

In den Schulstunden kompensierte Benjamin seine Langeweile mit Kaspereien, Aggressionen gegen Mitschüler und Lehrer. Zwar war sein Sozialverhalten in Krisensituationen der Klasse stets vorbildlich. Das bedeutete aber auch, dass Benjamin immer der «geistige Vater» vieler Lausbubereien und zum Teil übler Streiche war, die von dem Kreis seiner Kumpane ausgeführt wurden, die sich stets in großer Zahl um ihn scharten.

Unter diesen Umständen war es klar, dass Benjamin mit der Zeit hinter dem Kenntnisstand der Klasse zurückbleiben musste. Seine natürliche Intelligenz konnte auf Dauer nicht ein kontinuierliches Lernen ersetzen. Er scheint das jedoch bis heute nicht begriffen zu haben. Im Gegenteil, ich glaube, dass er die ihm so oft nachgesagte hohe «Intelligenz» noch heute so auslegt, dass ihm eigentlich alle Dinge wie von selbst zufallen müssten.

Die Erwachsenen um Benjamin waren oft mit seinen extrem aggressiven Reaktionen überfordert, wenn er merkte, dass sie ihn im Gespräch nicht für voll nahmen. Äußerste Sensibilität entwickelte er besonders in den Fällen, in denen Erwachsene ihm gegenüber «nicht ehrlich» antworteten. Solche bewussten oder unbewussten Unsicherheiten deckte er im Gespräch gnadenlos auf und «nagelte» sie verbal bedingungslos fest.

Ich erinnere mich noch gut an die Zeit, in der sich die Situation in der Schule derartig zuspitzte, dass nur noch eine Trennung möglich war. Der Schulwechsel zum Gymnasium verlief zwar bzgl. Lehrstoff und Sozialverhalten reibungslos – jedoch kam dann ein anderer Stoff dazu. Zunächst das Rauchen von Zigaretten. Und mit einem anderen Freundes- und Bekanntenkreis, den wir Eltern bald nicht mehr durchschauten, auch die Drogen.

Trinkgelage mit der durchweg älteren Dorfjugend waren eine Weile unsere große Sorge, weil wir wussten, dass Benjamin nicht nur «alles» ausprobieren, sondern (wie er es auch immer selber zugab) exzessiv betreiben würde.

Benjamin versicherte uns aber immer wieder, dass er seinen Drogenkonsum «im Griff» habe. Er wisse, was ihm gut tue und was nicht. Er habe bereits alle Stoffe durchgemacht, und der Stoff, den er jetzt konsumiere, habe nachweislich keine nachteiligen Folgen für Körper und Geist.

Wie sehr er sich darin täuschte, zeigte uns sehr bald eine Entwicklung, die am besten mit einer enormen Willensschwäche zu beschreiben ist. Theoretisch fasst er viele Pläne, die er dann jedoch kaum in die Tat umzusetzen vermag. Viele seiner motorischen Fertigkeiten und Fähigkeiten sind inzwischen verschüttet. Phasen nächtelangen Treibenlassens mit Gleichgesinnten wechseln ab mit denen tiefer Depressionen, wenn Probleme auftauchen, die ihm unlösbar erscheinen. Dabei fehlt ihm jeder innere Antrieb, das zu ändern. Immer wieder wechselt er zwischen der totalen Verausgabung seiner Kräfte und des kläglichen Zusammenbruchs.

Einerseits der absolut coole Typ, der sich und anderen alles zumutet – auf der anderen Seite das heulende Elend, das ängstliche «Nicht mehr ein noch aus Wissen», wenn er sich mit einer Situation überfordert fühlt.

Es ist eine Tatsache, dass die meisten Eltern in solchen Situationen dem Jugendlichen und dem Geschehen hilflos und tatenlos gegenüberstehen. Die weit verbreitete Ignoranz von Erwachsenen, die nicht erkennen wollen, wie nahe bereits das Drogenproblem um sie selbst und ihre Kinder existiert, ist erschütternd! Andere wiederum, die ein Bewusstsein für die Drogenproblematik entwickelt haben, gehen m.E. wieder viel zu sorglos mit dem Thema um.

Mir ist im Laufe der Zeit deutlich geworden, dass wir Erwachsenen einer Entwicklung der Jugend begegnen, die wir immer noch mit unseren traditionellen Maßstäben beurteilen, weil uns neue, adäquate Maßstäbe fehlen. Wir können den jungen Menschen so vermutlich nicht gerecht werden. Und sie haben ja auch Recht, wenn sie beobachten, wie wir die bestehenden Systeme und Verhältnisse in der Welt theoretisch «verbessern» und in der Realität doch immer wieder kläglich bei den kleinsten Problemen scheitern.

Ich selbst bin nicht besser – mit meinen, zweifellos aus der Vergangenheit stammenden, Wertvorstellungen war ich schlichtweg nicht in der Lage, die Szene um meinen Sohn richtig zu beurteilen. Ich konnte und kann ihr daher auch heute noch nicht richtig begegnen – ein Umstand, der mich in einen schmerzlich hilflosen Zustand versetzt.

Was bleibt, ist die Hoffnung, dass Benjamin einmal in der Lage sein wird, sich aus der geistigen Umklammerung des Drogenstoffs zu befreien, ohne größeren körperlichen Schaden zurückzubehalten. Ansatzpunkte dafür existieren zwar erst undeutlich, aber für mich bedeuten sie bereits einen Silberstreifen am Horizont.

Wahrscheinlich müsste Benjamin sich aus der Familie herauslösen und selbstständig für sich und sein eigenes Wohlergehen sorgen.

Dennoch bleiben bei mir viele Fragen offen:

Heilt die Zeit wirklich alle Wunden? Ich glaube nein. Wie viele Jugendliche kommen aus der Szene nicht heraus! Was habe ich falsch gemacht? Was mache ich noch falsch? Was mache ich überhaupt? Im Grunde habe ich nichts anderes als ein Muster entwickelt, um möglichst stressfrei mit Benjamin umzugehen. Ich weiß, auch das ist eigentlich keine Lösung. Aber gibt es überhaupt eine Lösung?

An diesen offenen, unverblümten Berichten, für die ich sehr dankbar bin, wird deutlich, wie unsachgemäß wir Erwachsenen in der Regel mit dem Drogenkonsum der Jugendlichen umgehen und wie unsachgemäß der Jugendliche selbst seinen Konsum und die Substanzwirkung einschätzt.

Wie häufig begegnen mir die zwei entgegegesetzten Haltungen, dass einerseits der jugendliche Drogenkonsum verharmlost oder andererseits zu einem riesengroßen Problem hochgespielt wird. Beide Haltungen zeigen, wie weit wir noch davon enfernt sind, den Drogenkonsum nicht als ein Versagen anzusehen, sondern als eine Aufforderung an uns, den jugendlichen Konsumenten in den Mittelpunkt unserer Wahrnehmung, unseres Interesses zu stellen.

Kritisch zu fragen ist, wie unser Kontakt zu dem Jugendlichen wieder lebendig und tragkräftig werden kann, und ob es uns selbst möglich ist, ihm aus dieser Situation herauszuhelfen oder ob therapeutische Hilfe in anderen Lebensverhältnissen gesucht werden muss.

Wie weit der Drogenkonsument selbst davon entfernt ist, seinen Konsum und dessen Auswirkung richtig einzuschätzen, zeigt die Aussage Benjamins seinem Vater gegenüber:

Er habe den Drogenkonsum im Griff; er wisse, was ihm gut tue; der von ihm konsumierte Stoff habe keine nachteiligen Folgen für Körper und Geist.

Das sind typische Aussagen, besonders von Haschisch-Konsumenten, die zeigen, wie stark Selbstwahrnehmung und Selbsteinschätzung durch die Drogenwirkung untergraben werden.

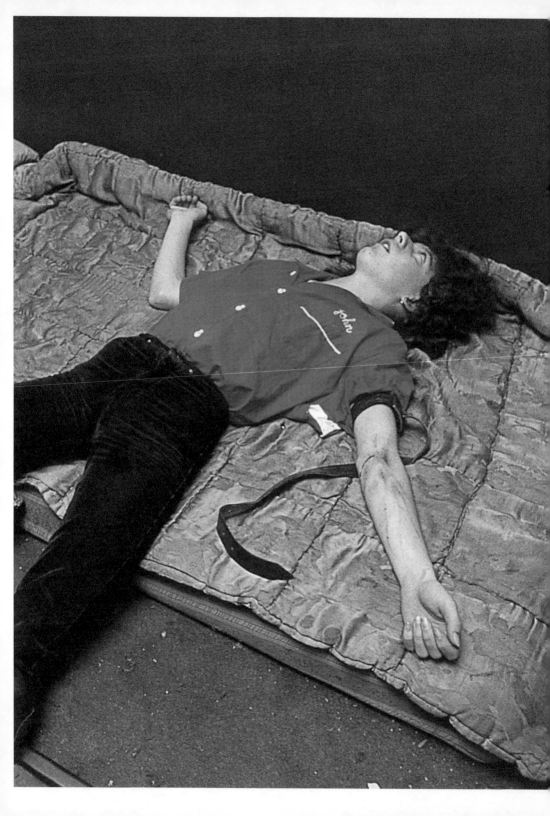

*Alles, was unseren Geist befreit,
ohne uns die Herrschaft
über uns selbst zu geben, ist verderblich.*

J. W. v. Goethe

# Sucht – Fesselung des Ich

## Drogen und ihre Wirkung

«Der Missbrauch von psychoaktiven Suchtstoffen stellt eines der größten psychosozialen und gesundheitlichen Probleme in Deutschland dar. Zum Spektrum der am häufigsten missbrauchten Suchtstoffe gehören an erster und an zweiter Stelle Tabak und Alkohol, es folgen beruhigende und schmerzstillende Medikamente, Haschisch, Heroin, Kokain, Ecstasy und Amphetamine.

Für eine differenzierte Darstellung der epidemiologischen Folgen des Suchtstoffkonsums in Deutschland bedarf es einer genauen Betrachtung des riskanten, missbräuchlichen und abhängigen Konsums der verschiedenen Substanzen. Eine differenzierte Erhebung ist eine wesentliche Voraussetzung für die Weiterentwicklung des gesamten Hilfssystems von der Prävention und Frühintervention über schadensreduzierende und gesundheitsstabilisierende Hilfen bis zu Weiterentwicklung der Ausstiegs- und Integrationshilfen.

Im Rahmen der Repräsentativerhebung zum Gebrauch psychoaktiver Substanzen in Deutschland (Bundesstudie des Bundesministeriums für Gesundheit) liegen erstmals für die Erhebung 1997 Berechnungen für klinisch relevante Konsumgruppen für das Bundesgebiet vor (Kraus & Bauernfeind, 1998; Kraus, Bauernfeind & Bühringer, 1998). Demnach ergeben sich folgende Werte für Alkohol, bezogen auf die Bevölkerung zwischen 18 –59 Jahre (18 – 69) Jahre:

| | | | |
|---|---|---|---|
| Riskanter Konsum insgesamt | 16 % | 7,8 Mio | (9,3 Mio.) |
| davon missbräuchlicher Konsum | 5 % | 2,4 Mio | (2,7 Mio.) |
| davon abhängiger Konsum | 3 % | 1,5 Mio | (1,7 Mio.)[5] |

# Drogenabhängigkeit

Drogen verändern das Bewusstsein des Menschen. Dabei geht es um sehr unterschiedliche Bewusstseinsveränderungen, die von den verschiedenen Stoffen hervorgerufen werden.

Drogen sind giftige Substanzen, die unmittelbar auf das zentrale Nervensystem einwirken und dadurch den Bewusstseinszustand des Menschen beeinflussen. Die bei der Ersteinnahme auftretende natürliche Abwehr des Organismus in Form von Erbrechen, Kopfschmerzen, Krämpfen, Ruhelosigkeit, Ängsten wird gelähmt, wenn der Konsument die Giftsubstanz wiederholt zu sich nimmt aus Sehnsucht nach der erstrebten Bewusstseinsveränderung. Mit fortgesetztem Drogenkonsum lässt die körperliche Abwehr zunehmend nach, gleichzeitig nimmt aber auch die bewusstseinsverändernde Kraft der Droge ab. Hier beginnt ein Teufelskreis, wenn die durch die Substanz vermittelte Bewusstseinslage um jeden Preis erstrebt wird. Der Konsument muss die Dosis immer weiter erhöhen, um den gleichen Effekt zu erzielen. Hat der Körper sich zu Beginn gegen das Gift in der oben beschriebenen Weise gewehrt, gewöhnt er sich nun nach und nach an die Substanz und seine Reaktion kehrt sich um:

Der Körper wehrt sich immer heftiger, wenn er das Gift nicht mehr bekommt. Der Konsument weist Entzugserscheinungen auf, die zunächst in ähnlicher Form auftreten wie die anfängliche körperliche Abwehr, sich aber im Seelischen bis zu Halluzinationen und tiefen Depressionen steigern können. In diesem Stadium des Drogenkonsums spricht man von Abhängigkeit – d.h. der Organismus funktioniert nicht mehr normal, wenn er nicht regelmäßig eine bestimmte Dosis an Drogensubstanz erhält.

Seit Jahrtausenden hat der Mensch Drogensubstanzen benutzt. Sie wurden in vergangenen Kulturen bei religiösen und kultischen Handlungen eingesetzt, um einem durch strenge Schulung darauf Vorbereiteten bestimmte geistige Einsichten zu ermöglichen. Das waren Einsichten, die für die Gemeinschaft notwendig waren und ihr selbstlos zur Verfügung gestellt wurden. Der Drogenkonsum war damit niemals Selbstzweck.

Andere Drogensubstanzen werden von altersher als Heilmittel verwendet wie z.B. Opium und Cannabis.

Anfang des 19. Jahrhunderts wurde Morphin als eine der Opium-Wirkstoffe entdeckt und in der Medizin eingesetzt.

Um die Jahrhundertwende schuf die pharmazeutische Industrie eine Reihe neuer psychotroper (auf die Psyche einwirkender) Substanzen, zu denen auch Heroin gehörte, als chemisch hergestelltes Derivat (Abkömmling) des Morphins. Mit Heroin hoffte man, ein starkes Schmerzmittel entwickelt zu haben, das nicht abhängig macht. In den ersten Jahrzehnten dieses Jahrhunderts stellte sich das als tragischer Irrtum heraus.

Nach dem 2. Weltkrieg entwickelte sich sehr schnell ein breites Angebot an Drogensubstanzen – und ein weites Netz von Anbietern.

Zahlreiche neue Medikamente kamen auf den Markt. Besonders verbreiteten sich die bis zum heutigen Tag noch gängigen Benzodiazepin-Präparate als Schlaf-, Beruhigungs- und Entspannungsmittel.

Mitte dieses Jahrhunderts wurde LSD (Lysergsäurediäthylamid) als bewusstseinsverändernde Droge entdeckt. Von ihrer Einnahme versprach man sich Bewusstseinserweiterung; eine Sehnsucht, die viele in den 60er-Jahren zu dieser Droge greifen ließen. Der Konsum einer Substanz, um sich seelisch zu entspannen und wohl zu fühlen, begann ebenfalls in den 60er-Jahren mit Cannabis, das als Hippie-Droge eine breite Öffentlichkeit fand.

Drogenkonsum zur eigenen Bewusstseinsveränderung wurde im Lauf der 70er und 80er-Jahre immer verbreiteter und führte zu einem anwachsenden Sortiment von Substanzen mit verschiedenen Wirkungen, wobei es gegenwärtig einen Trend vor allem zu aktivitätssteigernden und euphorisierenden Drogen gibt wie Kokain, Amphetamine, Ecstasy und anderen Designer-Drogen.

# Wie wirkt welche Droge?

*Nikotin*

*Erhoffte Erlebnisqualität und Fähigkeit*: Konzentrationsvermögen, Beruhigung, Abstand bekommen, noch einmal neu an eine Sache herangehen, eine kurze wirkliche Pause machen und ganz zu sich kommen, das Schlafbedürfnis herabsetzen, länger wach bleiben können.
*Einige gesundheitliche Folgeschäden*: Herzbeschwerden, Kopfschmerzen, Erkrankungen der Atmungsorgane, erhöhtes Krebsrisiko, Mangeldurchblutung der Gliedmaßen. Besonders unter Rauchern werden die Gefäß- und Krebserkrankungen konsequent ignoriert.

*Alkohol (Trinkalkohol)*

*Erhoffte Erlebnisqualität und Fähigkeit*: Gemeinschaftsbildung, frei miteinander sprechen können, die Alltagssorgen hinter sich lassen, einmal so richtig fröhlich und locker sein, Festesstimmung erzeugen, Trost in der Einsamkeit finden.

Wirkung physisch:
1. Phase: Anregung, Belebung, Erwärmung
2. Phase: Aktivitätssteigerung, Gesprächigkeit, Euphorie
3. Phase: Rauschzustand unter Beeinträchtigung des Denkens und der Sinneswahrnehmung

*Einige gesundheitliche Folgeschäden*: Erinnerungsverlust, Hirnschäden, Lebererkrankungen, Nierenschäden, Muskelzittern, erhöhter Blutdruck, Schlafstörungen, Schwitzen, Nervenlähmungen, Bauchspeicheldrüsenerkrankungen, Alkoholembryopathie (Schädigung des Kindes im Mutterleib).

*Cannabis und seine Verarbeitungsprodukte Marihuana und Haschisch (aus der weiblichen Hanf-Pflanze)*

Wirkungseintritt nach wenigen Minuten, Wirkungsdauer 2–10 Stunden, Wirkungsstoff THC: Tetrahydrocannabinol.

*Erhoffte Erlebnisqualität und Fähigkeit*: Relativierung der Wirklichkeit; über den Zwängen das Alltags stehen mit seinen Gewohnheiten, Verpflichtungen, Terminen, Stress und Ärger; sich high erleben; sich glücklich, frei, ungebunden fühlen und über alles lachen können; Gedanken, Gefühle und Sinneswahrnehmungen, auch Raum und Zeit, neu und ganz anders als im Alltagsleben erfahren – elementarer, außerhalb der gewohnten Zusammenhänge, in neuer Perspektive; dies alles «bewusst» im Traumzustand zwischen Wachen und Schlafen erleben.

*Einige gesundheitliche Folgeschäden*: Veränderung der Sinneswahrnehmung, verminderte Konzentrations- und Lernfähigkeit, Antriebsarmut, Reduktion bis Verlust der Selbstwahrnehmung, geringere Anzahl von Samenzellen im Sperma, Unregelmäßigkeiten im weiblichen Zyklus, Entwicklungsstörungen bei Ungeborenen, Schwächung des Immunsystems.

**Ecstasy (XTC) und andere Designer-Drogen (Kombinationen von Amphetaminen, Ephedrinen, Koffein auf Grundlage des Öls der Muskatnuss, dem sogen. Safrol-Öl).**

Die XTC-Tabletten sind besonders riskant, weil sie oftmals Beimischungen enthalten wie z.B. LSD und andere.

*Erhoffte Erlebnisqualität und Fähigkeit*: Änderung im Gefühlsleben, sich öffnen können, Gefühle zeigen können, Verminderung der Angst, verstärkte Gesprächs- und Beziehungsbereitschaft. Intuitiv erleben, wie es dem Anderen geht, abbauen von Hemmungen in jeder Beziehung. Sich total outen – die Gefühle dem anderen zeigen so, wie sie sind – hemmungslos und direkt.

*Einige gesundheitliche Folgeschäden*: Ausgepumptsein, Herzklopfen, Schlaflosigkeit, Desorientiertheit, Angstgefühle, Halluzinationen, Depressionen.

*LSD / Lysergsäurediäthylamid/Mutterkornalkaloide*

LSD wirkt schon in geringen Mengen von zehntausendstel Gramm und ist deshalb in Trägermaterialien eingebettet: Fließpapierschnitzel mit Comicdarstellungen.

Wirkungseintritt nach ca. 30 – 45 Minuten, Wirkungsdauer zwischen 7 – 12 Stunden. Der Trip (die Reise) hängt stark von der seelischen Verfassung und der Umgebung ab. Sinnesverfremdungen treten ein: Farben werden gehört, Töne gesehen. Risiko bei LSD-Konsum: «Horrortrip» mit nicht enden wollenden Angst- und Panikzuständen. Gefahr schwerer Unfälle und Selbstmord durch Fehleinschätzung der Situation («Ich kann fliegen»).

*Erhoffte Erlebnisqualität und Fähigkeit*: Außerkörperliche Erfahrungen, farbige Visionen und Halluzinationen, Licht- und Wärmeerlebnisse, Erleben eines Lebensrückblicks, Auftauchen längst vergangener Erfahrungen und Erinnerungen, ganz bei sich und gleichzeitig außerhalb von sich in einer anderen Welt sein.

*Einige gesundheitliche Folgeschäden*: vorübergehende psychotische Zustände, Wahnideen, Nieren-/Leberschäden, Unberechenbarkeit der Sinneseindrücke, Flashbacks als Nachhall-Psychosen – d.h. Auslösung einer erneuten Rauschwirkung *ohne* Drogeneinnahme und u.U. Wochen nach der Drogeneinnahme.

*Kokain und Amphetamine*

Wirkung tritt rasch ein und hält nur kurz an.

Risiko: Rasche Entwicklung einer Abhängigkeit mit Absturz in eine tiefe Depression.

*Erhoffte Erlebnisqualität und Fähigkeit*: Sich stark und fähig und vor allem außergewöhnlich klar und schnell denkend und handelnd erleben, Sehnsucht nach geistiger Anstrengung und Anregung, nach dem ganz Besonderen, nach grandiosem Selbstwertgefühl und Überheblichkeit gegenüber allen anderen, orgiastisches Glückseligkeitsgefühl, körperlich unbegrenzt leistungsfähig sein, normale Grenzen des Müdigkeitserlebens überspielen können, wach und stark sein.

*Einige gesundheitliche Folgeschäden*: Kopfschmerzen, Bauchkrämpfe, Schwindelgefühle, Herzrasen, Schlaflosigkeit, Reizbarkeit, Ruhelosigkeit, Gehetztheit, Angst.

**Heroin, Opium und sein wichtigster Bestandteil Morphium (Morpheus = Gott des Schlafs) und andere Opiate**

Dieser Stoff wird in der Regel gespritzt. Die Wirkung tritt rasch ein und dauert 3 – 5 Stunden.

*Erhoffte Erlebnisqualität und Fähigkeit*: Tiefe Ruhe, trotz Schmerzen und Sorgen entspannt und warm schlafen können, sich frei und leicht außerkörperlich erleben als gedankenleicht dahin schwebendes Wesen, das eins werden kann mit Licht, Farben und Wesen im Umkreis. Sehnsucht nach ewiger Ruhe und Schlaf, Dunkelheit, Erlöschen des Bewusstseins in wohliger Wärme. «Im Paradies sein» , sich wie nach dem Tod in einer geistigen Welt erleben, euphorische Freude und Seligkeit, ohne sich durch die Schwere des Körpers oder alltägliche Sorgen behindert zu fühlen. Den Flash ersehnen, der einen blitzartig aus der Enge des Lebens befreit, des täglichen Grau und Einerlei, des trägen bürgerlichen Gedankenlebens.

*Einige gesundheitliche Folgeschäden*: Schwächung des Verdauungssystems, Hemmung der Sexualfunktionen, Muskelkrämpfe, blasse Haut, Abmagern, Steif- und Ungelenkwerden der Gelenke und Gliedmaßen, schlussendlich Ruin aller Körperfunktionen / Kräfteverfall, Hepatitis-Infektion, AIDS-Infektion.

Risiko: Rasche Entwicklung einer körperlichen Abhängigkeit mit starken körperlichen Entzugssymptomen bei Unterbrechung der Drogeneinnahme.

Für alle Drogen gilt als gesundheitlicher Folgeschaden: Vorzeitiges Altern und zunehmender Ich-Verlust – das heißt Störungen der Ich-Aktivität und damit der Selbstkontrolle auf körperlicher, seelischer und geistiger Ebene.

# Warum Drogen? – Motive und Risiken

Zunächst ist zu unterscheiden zwischen einem Experimentierkonsum und einem regelmäßigen Konsum, der sich zu einem exzessiven Konsum bis hin zur Abhängigkeit steigern kann. Die Einstiegs- und Experimentierphase beginnt oft mit 13 bis 14 Jahren, extrem früh mit 11 oder 12 Jahren. In dieser Phase überwiegen Neugierde, die Suche nach neuen Erfahrungen, Erlebnishunger und Lust am Risiko. Der Konsum soll vor allem auch abgrenzen von einer Gesellschaft, die die Drogen verneint. Nicht selten ist dieser erste Konsum auch mit der Hoffnung verknüpft, Stresssituationen des Alltags besser zu meistern oder abzuschalten und auszusteigen aus einer viel zu lauten und hektischen Welt (siehe Biografie Benjamin, Seite 25 ff.). Es kann sehr rasch aus dem gelegentlichen ein regelmäßiger Konsum werden. Der Konsument nimmt selbst nur selten wahr, wann der Drogenkonsum die Regentschaft in seinem Leben übernimmt. Drogen helfen zu entspannen, anzuregen, zu trösten; sie offenbaren eine Welt, die man sich ersehnt. In dem Augenblick jedoch, in dem die Droge ihre Wirksamkeit verliert, wird der Alltag noch grauer, noch langweiliger, noch fader oder noch stressiger; und so entsteht der Teufelskreis, der zu noch mehr Drogen greifen lässt.

Ein weiteres wesentliches Motiv für Drogenkonsum ist der Wunsch, seelische Defizite, bzw. seelische Erkrankungen auszugleichen, zu «behandeln». Diese Begleiterkrankungen sind oft ein entscheidender Faktor bei der Entwicklung einer Suchterkrankung.

Jede Form von Abschreckungsstrategie in der Drogenaufklärung ist bei Jugendlichen unwirksam. Dennoch müssen die allgemein bekannten und hinlänglich erfahrenen lebensfeindlichen Wirkungen von Drogen benannt, wiederholt und betont werden. Der Grad der Schädigung durch Drogenkonsum hängt natürlich von verschiedenen Faktoren ab. Es kommt darauf an, welche Drogen in welchem Umfang, in welchem Zustand, von welchem Individuum konsumiert werden. Dabei gilt es ebenfalls zu unterschei-

den in akute Risiken während des Drogenkonsums und Spätfolgen, die unter Umständen sogar erst nach Jahren oder Jahrzehnten auftreten können.

Es muss deutlich gemacht werden, dass die Unfallgefahr ganz besonders groß ist, denn fast alle Drogen verändern die Sinneswahrnehmung und die Reaktionsfähigkeit auf die Außenwelt. Zudem wird eine Risikobereitschaft freigesetzt, die der Konsument selbst nicht richtig einschätzen kann.

Ein zweites großes Problem ist die Überdosierung der Droge. Tödliche Vergiftungen durch Überdosierung sind keine Ausnahme. Bei betäubenden Substanzen kann es zu einem unerwarteten Stillstand sämtlicher Lebensfunktionen kommen. Das Atemzentrum kann gelähmt werden, bei aufputschenden Mitteln kann es zu einem Zusammenbruch des übererregten Herz-Kreislaufsystems kommen.

Besonders gefährlich ist die Kombination mehrerer Drogen (Polytoxikomanie). So wird von vielen Kosumenten berichtet, die Alkohol getrunken und gleichzeitig Canabis geraucht haben, dass unberechenbare Stimmungsschwankungen auftraten, Schwindelanfälle und die so genannten Hasch-Psychosen. Derzeit nimmt diese Erscheinung drastisch zu. Auf dem Höhepunkt einer Drogenkarriere ist die Abhängigkeit von einer einzigen Substanz eher selten.

Bei einer Reihe von Drogen besteht die Gefahr der körperlichen Abhängigkeit; diese stellt jedoch nicht die entscheidende Gefahr des Drogenkonsums dar. Die körperliche Abhängigkeit ist die Gewöhnung des Organismus an die Drogensubstanz. Auf die ständige Einnahme reagiert er mit einer Gegenregulation des Stoffwechsels, sodass dann das Ausbleiben der Droge zu körpereigenen Fehlfunktionen führt. Diese werden als Entzugsphänomene, wie z.B. Unruhe, Aggressionen, Schwitzen, Kreislaufstörungen, Kollaps usw. erlebt. Die psychische Abhängigkeit ist aber bei *allen* Drogen vorhanden. Sie ist das übermächtige Verlangen, die Droge einzunehmen, um den Stimmungslevel zu halten, den man unter der Droge erlebt hat. Der «psychische» Entzug dauert u.U. Jahre und ist das *eigentliche* Problem des Drogenkonsums.

Das erklärt, warum Haschisch, über viele Jahre regelmäßig genommen, gefährlicher wirken kann als Heroin, das sich in seiner zerstörerischen Wirkung viel schneller zu erkennen gibt und damit eher für voll genommen wird. Haschisch dagegen kann lange verharmlost werden, weil seine gefährlichen Schäden, besonders vom Konsumenten selbst, erst nach langer Zeit bemerkt werden.

Inzwischen liegen Forschungsergebnisse vor, die zeigen, dass der Hauptwirkstoff im Haschisch, das THC, über Wochen im Körper gespeichert wird und in diesem Zeitraum plötzlich und unvermutet wirken kann. Das führt zu den mit Recht gefürchteten «flash backs» mit ihren nicht einschätzbaren Ausfallerscheinungen im Gehirn. Zudem ist erwiesen, dass THC das genetische Material angreift, das Immunsystem intensiv schwächt, die Stresshormonaktivität im Gehirn verlangsamt, Selbstwahrnehmung und Kritikfähigkeit lähmt, emotionale Ausfallerscheinungen hervorruft bis hin zu den immer häufiger zu beobachtenden Psychosen. Typische Folgen im Sozialverhalten sind Abbruch bestehender Beziehungen, Beschränkung auf die Kontakte in der Haschisch-Szene sowie ein generelles Desinteresse an allem, was nicht unmittelbar mit dieser zusammenhängt.

*Ich verstehe gut, warum so viele junge Menschen nach dem Rauschgift greifen. Ich habe volles Verständnis dafür, seien Sie dessen versichert, dass sie den Vorhang zuziehen wollen vor dieser Welt, in der jeden Tag ganze Völkerschaften oder große Wälder hingemordet werden und in der die Verfolgungen nicht aus Raserei geschehen, sondern mit kalter Wissenschaftlichkeit.*

Jacques Lusseyrant

# Sozialer Kältesturz und seine Folgen

## Stefan

**Einsame Wanderschaft**

Der Regen strömt
eiskalt mir in den Nacken.
Ich fühle mich schlecht und schwach.
Kein Mensch weilt auf der Straße,
keine Seele weit und breit.
Nur Wind und Regen hör' ich heulen.
Die Kälte um mich droht mich zu erstarren.
Doch weiter schreit' ich in die Ewigkeit.

Stefan, 16 Jahre[6]

In früheren Zeiten hat sich der Mensch immer als Glied einer Gemeinschaft erlebt, die ihm Halt und Sicherheit bot, in der er sich geborgen und für die er sich verantwortlich fühlte.

Denken wir an die Großfamilie, als die Großeltern, die Tante, der Onkel unter einem Dach wohnten und sich für die Erziehung mit verantwortlich fühlten. Damals war der Einzelne noch stark geprägt von einem Familienbewusstsein, einem sozialen Standesbewusstsein, das klare Verhaltensregeln bot. Diese soziale Sicherheit gibt es heute nicht mehr. In unserer Zeit der individuellen Befreiung von Gruppennormen und Fremdbestimmung leben wir zugleich auch ohne jeglichen Gruppenschutz. Unser Ich-Erleben, so anfänglich es auch sein mag, ist verbunden mit Einsamkeitserfahrungen und Krisen. Es ist ein Entwicklungsstadium, das mit Finsternis, Erkenntnisschmerz und Zusammenbrüchen verbunden

> «Ich verstehe gut, warum so viele junge Menschen nach dem Rauschgift greifen. ich habe volles Verständnis dafür, seien Sie dessen versichert, dass sie den Vorhang zuziehen wollen vor dieser Welt, in der jeden Tag ganze Völkerschaften oder große Wälder hingemordet werden und in der die Verfolgungen nicht aus Raserei geschehen, sondern mit kalter Wissenschaftlichkeit. Und tatsächlich, wie kann man auch auf Dauer diese Zivilisation ertragen, in der die Seele eingeschränkt wird, kanalisiert wird, etikettiert wird und beleidigt wird. Wie kann man auch Befriedigung finden an einer Gesellschaft, in der die Fantasie bald nur mehr zur Freizeitgestaltung gut sein wird und in der man immer alles nur wägen möchte, ja selbst das Glück, so wie man Zement oder Kunstdünger wiegt. Ich verstehe völlig, dass sie nur noch von einem Wunsch beseelt sind, und zwar dem, wegzugehen. Aber wenn sie weggehen, kommen sie auch irgendwo an? Man müsste es ihnen sagen, dass sie nicht ankommen werden! …
> 
> Jacques Lusseyran, Gegen die Verschmutzung des Ich[7]

ist. Fluchtgesten aus der Einsamkeit und Enge dieser Entwicklungssituation werden nicht selten mithilfe von Drogensubstanzen vollzogen.

Gefordert ist jedoch der Mut, diesen Nullpunkt auszuhalten.

*Krisen heute zu bejahen, ist wirklich schwer – in einer Zeit, in der schnelle Lösungen, Konfliktvermeidungsstrategien und der «easy way» zum Alltag geworden sind.*

Krisen bejahen, heißt auch Ohnmachtserlebnisse bejahen, Zusammenbrüche zulassen, schmerzhafte Prozesse durchlaufen, lieb gewonnene, aber verfestigte Vorstellungen überwinden.

Wer sich durchringt durch diese Phasen des Nichtmehrkönnens, durch das Eingestehen des Schwachseins, der schmerzhaften Erkenntnis: Ich kann nichts, es sei denn, mir wird geholfen – der gewinnt allmählich die Fähigkeit, die Begegnung von Mensch zu

Mensch zu erwärmen und selbst immer mitmenschlicher zu werden.

Stattdessen erleben wir heute oft Medienkonsum, Sprachverarmung, berechenbare Begegnung im Chatroom, illusionäre Begegnung im Rausch der Drogen.

## «Ich verstehe gut»

Der gezielte Gebrauch bestimmter Substanzen kann zwar Erlebnisse von Geistesgegenwart, Licht, Wärme, Verständigung, Geborgenheit in der Welt, Empfindungen von Konzentration und gleichzeitiger Entspannung, von Liebe und Geliebtwerden vortäuschen – diese Erlebnisse und Empfindungen finden jedoch ohne den Kern der Persönlichkeit, ohne das Ich statt; sie setzen sich an dessen Stelle und verdrängen den eigentlichen Menschen.

Aber: *Die Seele erwärmt sich nur an der Seele.*

Nur die echte Begegnung von Mensch zu Mensch gibt die Wärme, in der Seelen gedeihen, in der sie sich weiterentwickeln können.

## Lea

Hörst du meine Gedanken, Freund?
Donnernd wälzt es
Hinter meiner Stirne
Hörst du's denn nicht?
Wogende Gedanken
Quälen mich
Schreiend gebe ich sie kund
Donnernde Wogen wälzen
Über meine Lippen
Hörst du's denn nicht?

Lea, 15 Jahre[8]

# Ecstasy

Nach etwa 15 – 20 Minuten setzt es ein: dieses Kribbeln im Körper, du kannst deine Arme und Beine nicht mehr frei bewegen, dein Herz schlägt plötzlich schneller und dann das Schweben. Ich spüre nichts als Wärme, ich bin total entspannt, cool, ich lasse mich gehen, ich möchte mit jemand zusammen wegsinken, jemanden berühren und spüren. Ich spüre Wärme, ein begeistertes Gefühl, total relaxt. Mit Ecstasy kannst du völlig in die Haut von jemandem anderen kriechen, wird alles sehr klar um dich, du hast Verständnis für alles und jeden, Empathie total. Es ist ein Irrsinnsgefühl von Frieden, du bist eins mit dir, mit der Welt, du fühlst Sinn, du fühlst Licht, du fühlst Klarheit, du liebst.

Lena, 17 Jahre alt [8]

Ecstasy, MDMA, 3,4-Methylendioxyd-N-Methylamphetamin. Der Effekt von Ecstasy tritt auf als eine Vermischung der Effekte von Hasch und Speed. Das Seelische des Menschen wird in zwei Richtungen getrieben (starkes seelisches Selbsterleben). Ein Teil wird physisch eingeatmet, der andere Teil aufgelöst in die Umwelt, starkes Umwelterleben. Alle Erlebnisse und Empfindungen sind enorm potenziert unter Ecstasy. Das Ausdehnen des Seelischen führt zu einem Gefühl von großer Intimität mit allem: Sympathie, Gemeinschaftsgefühle, Liebesgefühle. Es gibt einen Teil im MDMA, das der Wirkung von LSD ähnlich ist, d.h. es wird ein Trip veranlagt, bei dem die Lebenskräfte vom Leiblichen getrennt werden, man eine Art Loslösung vom Leiblichen als einen Todesprozess erlebt – geistige Erlebnisse pur. Der mehr anregende Faktor in

Ecstasy stimuliert den Bewegungstrieb. Unglaubliche physische Energie wird freigesetzt durch Tanzen. Es gibt Nebenwirkungen wie Übelkeit, Schüttelfrost (wie bei Grippe), Angstzustände, Schweißausbrüche, Müdigkeit, Depression, Kopfschmerzen, Leeregefühl, extreme Transpiration. Langzeiteffekte können sein: Appetitlosigkeit, Antriebsschwäche, extreme Reizbarkeit und unerwünschte Halluzinationen.

Was Ecstasy, wenn auch nur biochemisch und illusionär, an Erleben von Entspannung, Lösung, Wärme, Liebe, Wohlgefühl, Verbundenheit mit allen und allem bietet, das alles muss uns zum sozialen Auftrag werden. Das Leben wird heute immer mehr als Hetzjagd erlebt. Wir sind ununterbrochen mit neuen und unerwarteten Entwicklungen konfrontiert. Immer mehr Menschen sind auf Reisen, suchen einen neuen Lebensraum, wechseln den Arbeitsplatz oder finden keine Arbeit mehr. Wir sind für die Schnelllebigkeit unserer Zeit seelisch nicht ausgerüstet und werden immer heimatloser. Arbeitslosigkeit, Rationalisierungsdruck, zerfallende soziale Sicherungssysteme – das alles macht uns heute mutlos, sprachlos, kalt.

Eltern haben für ihre Kinder heute weniger Zeit denn je. So nimmt sich eine Mutter, laut einer statistischen Erhebung, für ihr Kind durchschnittlich 12 Minuten Zeit pro Tag für ein zweckfreies wirkliches Gespräch.

## Haben wir Zeit!

Der elfjährige Morten ist unheilbar krank und wird sterben müssen. Er schreibt einen ganz nüchternen und ehrlichen Brief an Simon, einen Journalisten. Darin erzählt er, wie einsam sich ein Kind fühlen kann und wie die Krankheit seine Situation völlig verändert hat. Dieser Brief wird in der Zeitung abgedruckt und löst eine Lawine von Kinder- und Erwachsenenbriefen über Sorgen, Krankheit und Tod, aber auch über Freude, Hoffnung und Freunde aus.

Hier Auszüge aus seinem Brief:

»Früher hätte ich dir wohl geschrieben, dass es mir ziemlich schlecht geht oder dass ich einsam bin. Das war damals, besonders zu Hause. Mama und Papa hatten immer so viel zu tun, sie arbeiteten und arbeiteten. Ich bin Einzelkind und war meistens allein. Ich bekam ziemlich viele Sachen geschenkt; keiner meiner Freunde hatte so viel wie ich. Ja, natürlich wünschte ich mir all diese Dinge, aber viel wichtiger wäre es mir gewesen, es manchmal zu Hause ein bisschen gemütlich miteinander gehabt zu haben. Ich war ziemlich gut in der Schule und darauf waren meine Eltern sehr stolz. Sie sagten, ich sei intelligent und gerade so einen Jungen hätten sie sich gewünscht. Es fehlte mir also nicht an Lob. Doch dann wurde ich sehr krank, vor etwas mehr als einem Jahr und jetzt kommt das Gute an meiner Krankheit: Plötzlich war es ganz anders mit Mama und Papa und mir. Sie waren fast die ganze Zeit bei mir oder wenigstens einer von beiden. Und sie sagten mir oft, wie lieb sie mich hätten. Davon hatten sie früher kaum etwas gesagt. Ich hatte auch nie darüber nachgedacht, erst jetzt kam es mir, also hinterher. Ich glaubte nicht, dass sie mich auch nur ein bisschen lieb gehabt hatten, bevor ich krank wurde.«[10]

Es gibt heute viele Kinder und Jugendliche, die sich auf dieser Welt als unerwünscht und überflüssig erleben. Die Wunde ihres Unerwünschtseins verletzt sie im Tiefsten ihres Menschseins. Kinder, deren Familienleben von sozialer Kälte geprägt ist, spüren schon sehr früh in ihrem Leben eine unstillbare Sehnsucht nach Geborgenheit und Wärme. Hier haben Drogen mit ihrer Wirkung ein ideales Einfallstor.

Gemeinschaftsbildende Abende mit Gesprächen und Geschichten beim Essen verschwinden zusehends – man versammelt sich heute um das Fernsehgerät und bedient sich aus dem Kühlschrank, jeder wann er will und wie er will. Gemeinschaft, die alle verbindet, wird kaum noch erlebt.

Soziale Kälte ruft nach Erwärmung. Wenn die Seele, die Begegnung und wärmende Zuwendung braucht, diese nur auf der physischen Ebene durch Substanzen erlebt, dann sind optimale Bedingungen erfüllt, um eine Sucht einzuleiten. Denn Sucht ist immer da anwesend, wo die eigentliche Befriedigung nicht stattfinden kann.

«Wenn du Heroin nimmst, hast du das Gefühl, in dir geht eine Sonne auf. Es wärmt dich von innen und überall. Es ist Wahnsinn. Nichts ist vergleichbar mit diesem Gefühl.» *Christian*

*Leben!*
*Mein Leben!*
*Ohne Leine und Halsband,*
*Ohne überflüssige Einschränkung,*
*Ohne Grenzen,*
*Richtlinien vielleicht,*
*Ich darf es genießen;*
*Knapp,*
*Oder aus vollen Zügen.*
*Dies ist mein Recht.*
*Darauf habe ich Anspruch!*
*Nur dies kannst du mir nicht abzocken:*
*Freiheit!*

*Gedicht eines 16-Jährigen*[11]

# Sucht und Ich-Entwicklung

## Menschheitsentwicklung

In früheren Zeiten erlebte sich der Mensch eingebettet in seine Umwelt und hingegeben an die Gegenwart.

Im Laufe der Jahrhunderte erwachte allmählich ein Bewusstsein für sich selbst und für die Welt außen. Der Mensch verstand sich immer mehr als ein Eigenwesen, das sich denkend die Welt erobert. Einen Höhepunkt erreicht diese Entwicklung in unserer Zeit, in der wir uns als freie Inividualitäten erleben, die sich ihre Biografie selbst gestalten. Je stärker wir uns jedoch als frei erleben, desto einsamer sind wir auch. Hier liegt die Ursache für das Suchtphänomen unserer Zeit. Ich-Bewusstsein und Freiheit sind begleitet von Suchttendenzen und Abhängigkeit als ihrer Kehrseite.

Das Ich am Ende des 20. und zu Beginn des 21. Jahrunderts ist aus den traditionellen sozialen Zusammenhängen herausgerissen; es will nur auf sich selbst gestellt und frei sein – gleichzeitig erlebt es sich als verletzlich, angreifbar und ungesichert.

Jeder Krise, die ja nichts anderes bedeutet als Entscheidung, geht zunächst einmal ein Prozess der Vereinsamung voraus. Und in dieser Vereinsamung erleben wir die Konzentration auf eine Ego-Kraft, die noch ganz aus der Vergangenheit genährt ist. Das ist die Seite in uns, die dem anderen gegenüber bedenkenlos Rechte und Vorteile für sich beansprucht. Diese Kraft ist zur Persönlichkeitsentwicklung notwendig, aber sie muss dringend ergänzt werden. Die verbindende, wärmende Seite des Ich, die in uns allen anwesend ist, will erlöst werden aus dieser vergangenheitsorientierten

Unser Ego, das ist dies Verlangen, das wir alle haben. Nicht ganz jedermann zu gleichen und, koste es was es wolle, sich durch irgendetwas auszuzeichnen ... ganz gleich, was es auch immer sei. Dies Verlangen, für uns selbst einen größeren Teil der Beute zu erlangen, recht zu behalten, auch dann wenn wir im unrecht sind. Es ist gerade unser Ego, das diese Ungeheuer erzeugt: den Ehrgeiz, den Leistungswettbewerb ... den Fanatismus, den Autoritarismus, den man für echte Autorität ausgeben möchte. Das Ego, das ist diese Kraft, die uns untereinander zu entfremden sucht ... Es ist die Krankheit der Nicht-Kommunikation, des Autismus ... Je mehr wir nur wir selbst sein werden, desto mehr werden wir allein sein, so lautet das Todesurteil, so ist das Gift des Ego. Um das Ego, diesen trügerischen Teil unseres Ich, sind alle bemüht ... aber allesamt vergessen sie, dass das Ego nicht das Ich ist, sondern die flüchtige, schillernde augenblickswillkürliche Oberfläche des Ich. Und dass man das Ich tötet, wenn man dem Ego alle Rechte einräumt. Das Ich ist zerbrechlich. Es ist in jedem von uns nicht einmal etwas, was wir wirklich besitzen ... Es ist wie ein Impuls, eine Art Schwung ... eine Kraft, die ihrer Geburt noch ganz nahe steht. Das Ego braucht die Dinge, die größtmögliche Zahl der Dinge. Ob sie sich Geld, Geltung, Herrschaft, Beifall oder Belohnung nennen, das Ich fragt nicht danach. Das Ich ist der Reichtum inmitten der Armut. Es ist das Interesse, wenn alles um mich herum sich langweilt. Es ist die Hoffnung, auch wenn alle objektiven Chancen zu hoffen verschwunden sind. Und schließlich ist es das, das uns übrig bleibt, wenn uns alles andere entzogen ist, wenn uns gar nichts mehr von außen zukommt und unsere Kräfte doch genügend groß sind, um diese Leere zu überwinden.

*Jacques Lusseyran*[12]

Egoität. Es ist die Seite der Ich-Kraft, die uns dem anderen gegenüber öffnet und uns zum mitempfindenden und helfenden Wesen werden lässt. Lassen wir uns auf den Entwicklungsprozess ein, diese selbstlose Seite unseres Ich zu stärken gegen allen Egiosmus, sind Krisen zu durchstehen, ist von lieb gewordenen alten Sicherheiten Abschied zu nehmen, gilt es, seelische Todesprozesse durchzumachen. Drogenkonsumenten erleben diesen Todespunkt, aber sie tun es ohne ihr Ich. Bewusstseinsweckende Wirkung kann somit nicht von diesen Erlebnissen ausgehen.

## Krisen bejahen

Einsamkeit, Ängste, Ohmachtserlebnisse, Todesprozesse – das ist die eine Seite von Erlebnisqualitäten in der heutigen Zeit. Der Mut, diese Nullpunkte auszuhalten und ihnen nicht auszuweichen, sich nicht zu betäuben, ist die Voraussetzung für eine innere Weiterentwicklung zu Bewusstsein, Freiheit und Verantwortung. Erst wenn die Bereitschaft entwickelt wird, alte Sicherheiten und Stützen aufzugeben und die damit verbundene Ohnmächtigkeit auf sich zu nehmen, kann Raum entstehen für Neueinschläge, für Gegenwärtiges, das nicht durch Vergangenes bestimmt ist, für Geistesgegenwart.

Um Ego-Fixierung aufzulösen, müssen uns Leidensprozesse durchlässig machen. Wenn wir nicht lernen, im Seelisch-Geistigen am Überwinden alter Vorstellungen und alter Zustände sinnvolle Sterbeprozesse durchzustehen, wird die Droge eine immer stärkere Anziehungskraft gewinnen. Dann werden Sterbeprozesse nicht im Seelisch-Geistigen durch bewusste Nullpunkterfahrungen durchgestanden, sondern sie werden in den Bereich des Physischen verlegt, wo die Droge zerstörerisch auf den Leib und seine Lebenskräfte wirkt. Es werden illusionäre, geistige Erfahrungen gemacht ohne Beteiligung der Ich-Kräfte des Menschen.

Die Sucht ist zu einer Kulturfrage, zu einer Ich-Frage geworden. Diese Frage bewegt sich auf der gleichen Ebene wie die Frage nach Tod, Geburt, Gesundheit und Entwicklung.

Die Suchtfrage ist *die* große Frage unseres Zeitalters. Sie ist so vielseitig wie dieses Zeitalter. Wir können die Suchtfrage, das Suchtproblem daher nicht mit kurzfristigen Maßnahmen lösen oder mit festgelegten Programmen in den Griff bekommen.

Unsere Gesellschaft heute ist geprägt von zwei Merkmalen:
- auf der einen Seite kennzeichnen sie Dekadenz, Abbau, Missachtung des Lebens,
- auf der anderen Seite liegt in ihr die Sehnsucht verborgen nach Weiterentwicklung, Freiheit und Zukunft.

> Leiden ist eine Begleiterscheinung der höheren Entwicklung. Es ist das, was man nicht entbehren kann zur Erkenntnis.
> *Rudolf Steiner*[13]

Immer mehr Menschen lösen sich von äußeren Normen und wollen selbst Verantwortung übernehmen für ihr Leben. Die ersten Schritte zu einem individuellen Leben mit eigenständigen Urteilskräften sind getan.

Auf diesem Weg zur Freiheit müssen wir uns mit unserer eigenen Innenwelt auseinandersetzen; und hier wohnen Ängste, Traumata, Verletzungen, Verwundungen. Es ist nicht einfach, mit ihnen zu leben, aber lohnend.

## Sucht hat viele Gesichter

In den letzten Jahrzehnten ist das Suchtproblem eines der zentralen Kulturprobleme geworden. Wenn in diesen Ausführungen von Sucht gesprochen wird, dann geht es nicht nur um Drogen sondern um Sucht ganz allgemein.

> Stille    irgendwer sucht mich
> Stille    wer sucht mich
> Stille    sucht mich
> Stille    ICH
>
> Gerhard Rühm

Was ist Sucht? Eine mögliche Definition:
Sucht ist ein sich steigernder zwanghafter Prozess, durch Außenstimulation, egal welcher Art, Konflikte zu verdrängen und Genuss ohne Eigenanstrengung an die Stelle zu setzen.

An dieser Definition wird deutlich, dass wir heute in einer Suchtgesellschaft leben, denn wer von uns kennt nicht Handlungen, die sich verselbstständigen, aus einem ichhaften, bewussten Zugriff herausfallen und damit drohen, zwanghaft zu werden? So gibt es zum Beispiel prozessgebundene Süchte, denen eine lange Gewöhnungsphase vorangeht, wie Fernsehsucht, Computersucht, Internet-Abhängigkeit (inzwischen von der Weltgesundheitsorganisation als reguläre Krankheit aufgenommen), Spielsucht, Arbeitssucht, Beziehungssucht, Kritiksucht, Sexsucht. Eine weitere Suchtebene ist die der Alltagssüchte im Genussmittelbereich wie Esssucht, Bulimie, Anorexie, Nikotinsucht, Alkoholsucht. Schließlich gibt es die Ebene der Substanzsüchte, zu der alle Rauschmittel gehören wie Kokain, Crack, LSD, Hasch, Alkohol, Opiate, Ecstasy, Designerdrogen verschiedenster Art, Psychopharmaka und andere Medikamente.

Betrachtet man nur die Anzahl der Abhängigen, so weist die letzte Ebene die geringste Konsumentenzahl auf, findet aber die stärkste Medienbeachtung.

Allen Suchtformen liegt eine unstillbare Sehnsucht zu Grunde nach Ruhe, Geborgenheit, Sinnerfüllung, Ankommen bei sich selbst. Das sind Zustände, wie sie früher durch eine feste soziale Einbindung in die Gesellschaft selbstverständlich vermittelt wur-

den. Heute müssen sie individuell von jedem selbst errungen werden. Es ist daher wenig erstaunlich, wie sehr wir alle mit einem geschwächten Selbstwertgefühl ringen und wie stark die Anziehungskraft von Substanzen wirkt, die scheinbar Selbstbewusstsein, Kontaktfähigkeit, Lebenssinn, Lebensfreude vermitteln. Durchschauen wir diesen Sachverhalt und prüfen wir uns selbstkritisch, müssen wir feststellen, dass jeder von uns zu bestimmten Suchttendenzen neigt. Bringen wir bis zu diesem Punkt Wille und Mut zur Selbsterkenntnis auf, vergeht jede Neigung, Abhängige moralisierend zu verurteilen. Dann setzt vielmehr eine Bereitschaft ein zu verstehen und zu helfen.

Genau diese Bereitschaft ist es, die unsere Jugendlichen heute brauchen, um gar nicht erst in eine wirkliche Abhängigkeit zu fallen.

## Was führt in die Sucht?

Gibt es besondere Dispositionen, die zur Abhängigkeit führen? Kann man eine «Suchtpersönlichkeit» schon im frühen Kindesalter entdecken?

Diese Frage lässt sich so nicht beantworten. Es gibt nicht *die* Suchtpersönlichkeit, *die* Suchtfamilie, *die* Suchtursache – es ist ein Konglomerat vieler Faktoren. Auskunft auf diese Frage kann nur die einzelne individuelle Biografie geben. Sucht hat immer eine vielschichtige Geschichte.

Abhängigkeit bzw. Sucht ist eine Krankheit, die jeden Menschen heute treffen kann. Schlichte Erklärungen oder gar Schuldzuweisungen greifen nicht. Zu Grunde liegen oft belastende Situationen, die nicht bearbeitet und bewältigt wurden wie zum Beispiel:

- Lieblosigkeit, Ungeborgenheit in der Kindheit bis hin zu Gewalt, psychischem und physischem Missbrauch
- Arbeitslosigkeit der Eltern
- Trennung der Eltern
- Tod eines geliebten Menschen

Eine entscheidende Anfälligkeit für Sogwirkungen ist vor allem dann gegeben, wenn Kinder sich von klein an als ungeliebt und nicht gewollt empfinden und damit kein gesundes Selbstbewusstsein aufbauen können, wenn sie in der Familie nicht lernen, Konflikte zu ertragen und sinnvoll mit ihnen umzugehen, sondern nur Verdrängungsmechanismen erfahren. Erleben diese Kinder dann durch Drogen genau das, was sie in der Kindheit vermissten, stellen Drogen eine echte Gefahr für sie dar.

*Unsere Gesellschaft heute macht uns Menschen einsam –*
*Sucht macht noch einsamer.*

**Ich will meinem Stern folgen ...**

Ich sehe jetzt, dass hinter mir eine Vergangenheit ist und vor mir eine Zukunft. Ich blicke zurück auf eine Geschichte, die meine Geschichte ist und vor mir öffnen sich Wege, von denen ich nicht weiß, wohin sie führen. Nur das eine scheint klar zu sein, ich werde gehen und jeder

Schritt schreibt meine Geschichte ein Stück fort. Ich fürchte mich vor dieser Ungewissheit. Dann wieder erfüllt es mich mit Zuversicht zu denken: Es ist mein Leben, meine Zukunft, die ich selbst gestalten will. Aber wohin führt das alles zuletzt? Wo und wie fängt es an? Warum überhaupt fängt es an? Wenn ich rückwärts blicke, komme ich an einen Punkt, wo die Erinnerung erlischt. Davor ist Dunkelheit, Nichts. Oder? Man sagt mir: Du bist jetzt alt genug, um zu erfahren, dass es in ferner Zukunft auch einen solchen Punkt gibt, wo alles abreißt und dunkel wird. Damit muss der Mensch leben. Und? War es das schon? Am Anfang nichts, am Ende nichts und dazwischen irgendwelche Geschichten, die Sinn ergeben sollen? Was gehen mich Eure Moralbegriffe an, Eure Ermunterungen, mich tatkräftig ins Leben zu stellen, Verantwortung für mich selbst und andere zu übernehmen; Eure Ermahnungen, ich solle lernen, streben, mich nützlich machen – wenn das alles ist, was Ihr zu sagen habt? Kommt mir nicht mit Eurer bequemen Frömmigkeit. Der alte Mann mit dem Bart hat sich erübrigt und erst recht kann ich nichts damit anfangen, dass angeblich der Mensch, wenn er sein Leben gelebt hat, zurückkehrt in einen großen, allumfassenden Frieden, wo niemand mehr sich selbst etwas bedeutet. Wie auch? Wenn niemand mehr da ist! Diese Art von Paradies ist nicht weniger beängstigend als das große schwarze Nichts. Auch blumig umschriebene Hohlheiten sind Hohlheiten. Wenn Ihr resigniert habt vor den großen Fragen, gebt es besser zu, statt geheimnisvollen Nebel zu verbreiten und bedenkt, ich könnte mich in dem Nebel, mit dem Ihr Eure Angst verbergen wollt, verirren ...

Ich suche die Wahrhaftigkeit, ich will wissen, ob ich von lauter müden, leeren Seelen umgeben bin, die sich abgefunden haben mit dem Nichts auf der einen und dem Nichts auf der anderen Seite, und die Strecke dazwischen ratlos zurücklegen, weil sie keine andere Wahl haben. Ob also dies die einzige unausweichliche Konsequenz ist, was ihr Vernünftigwerden nennt? Oder ob es unter Euch auch schon solche gibt, die nicht aufgehört haben zu suchen, sich nicht zufrieden geben können mit dem billigen »Nun los« des Menschen oder dem noch billigeren unnahbaren Gott, der alles und nichts bedeuten kann. Solche will ich unter Euch finden, denen ich mich anschließen, anvertrauen kann mit meinen Fragen nach dem Sinn, nach dem Woher und Wohin, ohne Befürchten zu müssen, dass sie gerührt bei sich denken: Ach, die glückselige Torheit der Jugend oder mit schneidender Stimme antworten: Vergiss die Träumereien, man wird nur krank davon. Lerne, arbeite, mach was aus dir und genieße den verdienten Lohn. Ich will wissen, was die Sehnsucht, die in mir aufgebrochen ist, die in meinem Leib brennt und meine Seele aufwühlt, zu bedeuten hat. Ob sie ein Ziel finden oder nur so lange umherirren wird … bis sie wieder erlischt, als sei nichts gewesen. Meine Liebe will durch meinen Leib sprechen. Hell und gut fühlt sich dieses Begehren an und schmeckt zugleich nach Verbotenem, nach Gefahr, nach Verwundung, als gelte es, etwas unendlich Kostbares aus den Klauen eines Ungeheuers zu befreien. Ich frage Euch, fühle ich richtig oder hat mich nur die Naturgewalt ergriffen, die läufige Hunde zueinander treibt? Nein, ich erwarte keine Antworten, ich will nur wissen, ist jemand da, der die Fragen kennt, die mich im Innersten bewegen, weil es auch seine Fragen sind. Der es gewagt hat, älter zu werden und doch jung zu bleiben. Der mir so zuhört, dass ich in seiner Gegenwart die rechten Worte finde und nicht dazu gezwungen bin, unter dem Eindruck der Unaussprechlichkeit immerfort Signale auszusenden, die bizarr, befremdlich, linkisch und anmaßend wirken, weil niemand sie entschlüsseln kann.

Ich will meinem Stern folgen, ich suche Menschen, die mich so anblicken, dass ihre Augen mir sagen, ja, du hast Recht, es gibt ihn, deinen Stern, er wandert dir voraus, verliere ihn nicht aus den Augen, auch ich folge dem Stern meines Lebens, es ist keine Torheit. Lass dich nicht beirren, weil ich mich nicht beirren ließ. Es wird vielleicht ein schwerer Weg, aber es lohnt sich, ihn zu gehen. Und sollte ich einen solchen Menschen finden, so wird er bereit sein müssen, mir zu verzeihen, dass ich mich nach außen hin so wenig entgegenkommend zeige, so wenig dankbar für das bin, was er mir schenkt. Ich werde, während ich mich innerlich voll Vertrauen und Erleichterung zu ihm hinwende, manches reden, was so klingen mag, als wolle ich ihn zurückweisen. Aber ich hoffe, er wird verstehen, dass es Scham ist, die mich dazu zwingt. Scham vor meinen eigenen starken Gefühlen und Scham davor, so sehr darauf angewiesen zu sein, dass jemand wie er für mich da ist ...

Brief eines Jugendlichen[14]

Drogenkonsum ist ein fester Bestandteil unserer Gesellschaft, besonders der Erwachsenenwelt. Drogenkonsum ist kein Jugendphänomen, sondern ein Erwachsenenverhalten, das von Heranwachsenden – wie vieles andere auch – nachgeahmt wird.

Interessant sind die Funktionen, die der Konsum – besonders der illegalen Drogen – für Jugendliche haben kann: Drogenkonsum

1. kann der bewussten Verletzung von gesellschaftlichen bzw. elterlichen Wertvorstellungen dienen;
2. kann der Demonstration und Antizipation (der Vorwegnahme oder negativen Erwartung) des Erwachsenenverhaltens dienen;
3. kann eine Spielart exzessiven Verhaltens und jugendtypischer Ausdruck des Mangels an Selbstkontrolle sein;
4. kann eine Zugangsmöglichkeit zu Freundesgruppen eröffnen;
5. kann die Teilnahme an subkulturellen Lebensstilen symbolisieren;
6. kann ein Mittel der Lösung von frustrierenden Situationen im Alltag sein;
7. kann eine Notfallreaktion auf Entwicklungsstörungen sein;
8. kann Ersatz für nicht einlösbare Anforderungen an die Entwicklung sein;
9. kann ein Ausdrucksmittel für nicht einlösbare Anforderungen an die Entwicklung sein;
10. kann ein Ausdrucksmittel für sozialen Protest und gesellschaftliche Strukturkritik sein.[15]

*Freiheit im tiefsten Sinne des Wortes bedeutet mehr, als ohne Rückhalt zu sagen, was ich denke. Freiheit bedeutet auch, dass ich den anderen sehe, dass ich mich in seine Lage hineinversetze und dass ich imstande bin durch einfühlsames Begreifen von alle dem, meine Freiheit auszuweiten, denn was ist das gegenseitige Verständnis anderes als die Ausweitung der Freiheit und die Vertiefung der Wahrheit.*

Vaclav Havel

# Beziehung heute – Soziale Kompetenz morgen

## Verstehen wir unsere Kinder und Jugendlichen?

Es wird oft so getan, als seien Drogen immer nur ein Problem der anderen. Wenn die Kinder der eigenen Familie, die Schüler der eigenen Klasse kiffen oder andere Einstiegsdrogen konsumieren, dann ahnen Lehrer und Eltern oft nichts. Vermutungen halten sich im Dunkelraum der Gerüchte und je nach eigener Kraftfrage wird hingeschaut oder aktiv weggeschaut. Eltern, die an einem Elternabend der 8. Klasse das Thema Haschischkonsum in der Klasse ansprachen, wurden von der Lehrerin zurechtgewiesen mit der Vermutung, dass bei ihnen zu Hause wohl nicht alles in Ordnung sei.

Umgekehrt erleben Lehrer, die sich über den offensichtlichen Drogenkonsum eines Schülers Sorgen machen, oft, dass die Eltern abblocken, nicht hinsehen wollen und den Lehrer zurückweisen. Der Drogenkonsum des eigenen Kindes wird als Schande erlebt und vertuscht oder aber als normal angesehen.

Erst kürzlich empörte sich ein 9-Klässler, als ich über die Gefahren des Haschisch-Konsums sprach: Er sei doch sehr erstaunt über dieses negative Urteil, schließlich würden er und seine Eltern jeden Morgen zum Frühstück einen Joint durchziehen, um den Tag gut zu beginnen. Sie würden sich damit prächtig fühlen, und es könne ja wohl niemand behaupten, dass seine Eltern es schlecht mit ihm meinten.

Was dieser Junge nicht sieht, weil er es gar nicht mehr sehen kann, sind die Folgeerscheinungen dieses «Frühstücks-Joints», von denen seine Lehrer mir hinterher berichteten:

Dieser Schüler kann kaum noch in der Klasse geführt werden; er ist enorm vergesslich, hält sich nicht an Verabredungen, redet ständig ohne es zu merken, überrollt seine Mitmenschen vollkommen distanzlos, ohne an ihrer Reaktion wach zu werden. Diese Schwierigkeiten führen die Eltern nicht auf den Haschisch-Konsum zurück, sondern auf eine schlechte Disziplin in der Schule.

*Die «Normalisierung» des Drogenkonsums von Kindern und Jugendlichen überlässt diese allein und einsam den Gesetzen der Drogenwelt.*

Es ist schon so, dass heute bereits 13- bis 14-jährige, in Ausnahmefällen auch noch früher, Haschisch konsumieren, als sei es das Normalste auf der ganzen Welt.

Hört man sich unter den Jugendlichen um, so wird sehr schnell deutlich, wie weit die so genannten weichen Drogen verbreitet sind und einen Normalitätsruf genießen, der bedenklich stimmt. So mancher Jugendliche muss lange nachdenken, bevor ihm ein Freund einfällt, der nicht kifft oder nicht mal gekifft hat.

Zwei polar entgegengesetzte Reaktionen kennzeichnen häufig die Haltung der Erwachsenen in dieser Situation.

Die einen akzeptieren den Drogenkonsum der Kinder als inzwischen normal: «Schließlich haben wir auch gekifft, als wir jung waren – gehört doch dazu!»

Die anderen stellen als allererstes die Schuldfrage, die sich je nach dem Fragenden entweder nur auf die Schule oder nur auf das Elternhaus konzentriert; eine naheliegende Haltung, wenn der Drogenkonsum des eigenen Kindes, des eigenen Schülers als persönliches Versagen empfunden wird – es sei denn, es lässt sich ein Schuldiger im Aussen finden.

Beide Verhaltensweisen schließen eine echte Auseinandersetzung mit den drogenkonsumierenden Kindern und Jugendlichen aus und lenken von den eigentlichen Ursachen ab.

> Der Schuldbegriff im Zusammenhang des Sucht- und Drogenphänomens hilft nicht weiter. Die Erfahrung zeigt, dass Kinder und Jugendliche in jedem Milieu, in jeder Familie, selbst in der liebevollsten und fürsorglichsten, zur Droge greifen. Es ist immer ein Zusammenwirken vieler Faktoren zu beachten.

## Wo liegen die Ursachen für den Drogenkonsum?

In den vielen Gesprächen, in denen die Jugendlichen mich ein wenig in ihre Seelen haben blicken lassen – wofür ich ihnen jedes Mal neu dankbar bin – werden folgende Motive für den Drogenkonsum am häufigsten genannt:

*Angst*
vor den Ansprüchen einer leistungsorientierten Gesellschaft,
vor Konflikten und Auseinandersetzungen;

*Mangel*
an Liebe, Geborgenheit, Anerkennung;

*Sehnsucht*
nach Wärme, Licht, Harmonie, Nähe,
nach Abenteuer, Kick, Rausch,
nach Freunden, Dazugehören,
nach Stille und Ruhe,
nach Sinn.

Aus den Aufzählungen wird deutlich, dass wir uns heute mit einfachen Antworten auf die Frage, warum Drogen konsumiert werden, nicht mehr begnügen können. Die Motive sind so individuell wie ihre Konsumenten, und nachvollziehbar, sobald man sich für ihre innere Seelenlage öffnet. – Antwort auf die Frage nach der Ursache für den Drogenkonsum ist jedoch nicht nur in der individuellen Lebenssituation des Konsumenten zu finden, sondern vor allem auch in unserer heutigen Gesellschaft.

> Drogenprobleme lassen sich heute nicht mehr ignorieren, sie gehören zu unserer Gegenwart.
>
> Im Verstehen liegt die Kraft – die Kraft des Verstehens ist Bestandteil des Heilungsprozesses

# Suche nach sich selbst

Die Gegenwart ist von der starken Sehnsucht nach Selbsterleben geprägt. Eine solche Suche nach sich selbst, nach der eigenen Identität, nach Selbstverwirklichung gab es so in der Vergangenheit nicht. Da fühlte sich der Einzelne noch eingebettet in die soziale Gemeinschaft, in die er hineingeboren wurde.

Diese selbstverständliche soziale Sicherheit war jedoch auch geprägt von individueller Unfreiheit; man konnte sich nicht außerhalb dieser gegebenen sozialen Ordnung bewegen, ohne ausgestoßen zu werden und jede Sicherheit zu verlieren.

Nun haben sich diese sozialen Lebensformen im Laufe unseres Jahrhunderts immer mehr aufgelöst. Selbst die Kleinfamilie trägt heute kaum noch über die Kindheit hinaus. Soziale Gemeinschaften, Traditionen, übernommene Normen zerfallen. Jeder Einzelne muss sich sein Beziehungsgefüge selbst schaffen – eine Freiheitssituation, wie sie in dieser Form die Menschheit noch nie zuvor erlebt hat.

Zugleich stellt diese Situation eine enorme Herausforderung dar, denn in dem Maße wie Normen und tragende Sozialformen abnehmen, nehmen die Erlebnisse innerer Leere und Einsamkeit zu. Eine Situation, der viele zu entfliehen suchen, sei es in die Abhängigkeit von anderen Menschen, von bestimmten Erlebnissen oder von speziellen Substanzen.

Endet hier die Suche nach der eigenen Identität – findet also nicht Selbstbestimmung sondern Fremdbestimmung statt – haben wir es mit dem Phänomen einer Suchtentwicklung zu tun. Der

Teufelskreis von Sehnsucht nach immer mehr Erlebnissen und Enttäuschung, das Ersehnte immer weniger zu erleben, schließt sich.

Nicht nur die zunehmende äußere Beziehungslosigkeit, die Kluft zum Mitmenschen, die Kluft zur sozialen Gemeinschaft kennzeichnet uns heute, sondern ebenfalls ein immer stärker werdender Verlust an Beziehung zu uns selbst.

So erfahren wir starke Einbrüche im Umgang mit unserer Gesundheit, mit unserem Körper und seinen Bedürfnissen, mit der Zeit. Wir verlieren den gesunden, liebevollen, geduldigen Kontakt mit uns selbst und damit auch mit unseren Kindern.

**Was ist der Mensch?**

Geborgenheit.
Dann, ein Licht; grell, es sticht:
Kalte Wände, Geschrei. Ich, der Mensch bin da.

Maschine aus Fleisch und Blut –
Leben aus Bewegung, Zeitsinn und Gefühl.
Wunder des Übernatürlichen,
Verpestung der Natur, Glied der Masse,
Glied des Gruppenzwangs
auf der Suche nach dem Ich.

Lebe dein Ich und du bist frei.
Liebe deine Welt, und du wirst in den
kreislaufartigen Sog der Liebe getragen,
denn Liebe ist Leben.
Schreie deine Sehnsucht heraus, weine heiße
Tränen und du bist frei.

Kristina, 16 Jahre

> Nur wenn wir die Not unserer Kinder verstehen, können wir ihnen geben, was sie für eine gesunde Entwicklung brauchen.

# Entfremdungen heute

Die Merkmale der heutigen Zeit machen deutlich, wie stark sich auch das Umfeld verändert hat, in dem unsere Kinder heute aufwachsen. Denn was uns als Erwachsenen und Erziehern nicht mehr selbstverständlich ist, steht auch unseren Kindern in ihrem Erziehungsumfeld nicht mehr zur Verfügung.

Sinnvolle Erziehung und effektive Prävention können wir nur leisten, wenn wir uns ohne Wehklagen, Schicksalshader und Kulturjammer der besonderen Problematik unserer Kinder widmen. Ihre Zeitbedingungen fordern von uns, dass wir uns ernsthaft mit ihren Lebensverhältnissen auseinandersetzen.

So möchte ich vier charakteristische Entfremdungen herausarbeiten, unter denen wir alle, aber ganz besonders unsere Kinder heute leiden.

### *Verlust der Beziehung zum eigenen Leib*

Wir haben immer häufiger Kinder vor uns, die uns deutlich machen, dass sich etwas aus ihrem Leib herausschreien möchte. Man kann den Eindruck gewinnen, als ob unsere Kinder in unbequemen Hüllen und unbequemen Kleidern stecken. Das Kind erlebt sich im Körper eingezwängt und eingeengt. Es fühlt sich unwohl, weil es

- nicht ausgeschlafen ist,
- sich nicht genügend bewegt,
- schlecht ernährt ist,
- unangenehme Stoffe trägt,
- zu viel ferngesehen hat,
- eine Atmosphäre der Verunsicherung erlebt (Streit, Unzufriedenheit).

> Wer kleinen Kindern in den ersten Jahren die elektronische «Großmutter» (Fernseh- oder Computergerät) einschaltet, der schaltet das Kind und die Erfahrung an der Welt aus.

Und die Erwachsenen erwarten von diesem Kind, dass es sich lieb und brav benehmen soll, anstatt wahrzunehmen, dass es sich so in seinem Leib nicht wohlfühlen kann.

Nehmen wir zum Beispiel wahr, dass es kalte Hände und Füße hat oder dass die Haut zu wenig durchblutet ist? Wenn der Leib durch fehlende physische wie soziale «Hüllen» auskühlt und unsensibel wird, kann er als Instrument des seelischen Ausdrucks nicht gesund ergriffen werden. Die Folge sind unruhige, nervöse und aggressive Kinder, die sich «ihrer Haut» wehren müssen.

In diesem Zusammenhang muss auch die Frage gestellt werden, wie weit wir in den Kinderzimmern die elektronischen Medien wie Fernseh- oder Computergeräte zulassen, die eine künstliche Welt voller Illusion erzeugen und den Zuschauer zu vollständiger Passivität verdammen.

Das Kind ist jedoch von Natur aus auf Eigenbewegung angewiesen. Bewegungsstau wirkt lähmend und entfremdet es den natürlichen Bedürfnissen, z.B.:

- wenn Kinder mehr vom Auto gefahren werden, als dass sie sich selbst bewegen dürfen;
- wenn ihnen die Anstrengungen des Sichaufrichtens und des Gehens durch ein «Gehfrei» abgenommen werden;
- wenn sie nicht mit allen Sinnen «echte» Welt erfahren dürfen, sondern eine Scheinwelt durch den Fernsehschirm, Computer, Game-boy-display vermittelt bekommen;
- wenn sie nicht mehr in Berührung kommen mit den natürlichen Elementen Erde, Wasser, Luft und Feuer, weil es dafür keinen Erlebnis- und Erfahrungsraum mehr gibt;

- wenn durch Präventivimpfungen keine Kinderkrankheiten mehr «durchgeschwitzt» werden, sodass sie aus jeder durchgemachten Erkrankung gestärkter und gesünder hervorgehen.

Kinder ohne Beziehung zum eigenen physischen Leib und zum Raum ihrer Umgebung erleben Heimatlosigkeit und Kränkung des Weltvertrauens.

*Verlust von Beziehung zu Zeit und Rhythmus*

Eine zweite Entfremdung wird da erlebt, wo Lebensrhythmen keine Beachtung mehr finden. Wie bedeutsam zum Beispiel ein Tagesrhythmus für die kindliche Entwicklung ist, entschwindet immer mehr dem Bewusstsein der erziehenden Menschen.

In vielen Familien gibt es nicht einmal mehr eine tägliche gemeinsame Mahlzeit. Die Fastfood-Ernährung, das schnelle Tiefkühl- und Microwellenmenü ist auf dem Vormarsch. Die gemeinsame Mahlzeit – zum Beispiel mit einem Spruch vor dem Essen, mit dem Warten, bis alle sich aufgetan haben, um dann gemeinsam zu beginnen – wird in ihrer Bedeutung unterschätzt und gilt als unmodern.

Die Qualitäten des Morgens und des Abends zu erleben, sich Zeit zu lassen, um den Tag gemeinsam mit den Kindern zu beginnen und ausklingen zu lassen, wird in unserem hektischen Alltagsleben kaum noch gepflegt; die Terminflut ebnet die Tageszeiten ein.

Auch das Gefühl für den Jahresrhythmus mit seinen Jahreszeiten und -festen geht immer mehr verloren. Die Geschäftsauslagen von Lebkuchen im September und Schokoladenhasen im Februar sind nur ein Symptom dafür.

Immer weniger Kinder erleben noch den Spannungsbogen von Vorbereitungszeit, Feiern und Nachklang eines Festes. Zeremonien und Rituale, in denen sich die Eltern Zeit nehmen, in denen sie mit Andacht, Muße und Geduld gemeinsam mit den Kindern gegliederte Zeitabläufe erleben, in denen sich die Kinder getragen und eingebettet fühlen können, verschwinden aus dem Alltag.

Rhythmus gibt unseren Kindern inneren Halt, Orientierung und stärkt ihre leibliche Entwicklung; Kinder lieben die Wiederholung. Wenn der Lebensalltag für das Kind rhythmisch gestaltet wird, sodass zum Beispiel jeder Morgen nach dem gleichen Ritual abläuft, ein rhythmisch gegliederter Unterricht den Vormittag gestaltet, der Nachmittag zu Hause ebenfalls rhythmisch verläuft, lernt das Kind innerhalb dieser Lebensrhythmen leiblich und seelisch atmen; dazu gehört auch das Miterleben der Rhythmen der Natur.

> Kinder ohne Beziehung zu Zeit und Rhythmus erleben Kränkungen des Lebensvertrauens und damit innerste Ungeborgenheit.

*Verlust der Beziehung zu seelischen Kräften*

Eine dritte häufige Entfremdung erfährt das Kind in der Beziehung zu den eigenen seelischen Kräften und den seelischen Kräften der Menschen seiner Umgebung. Die konflikterzeugenden und -lösenden Freundschaften werden auf ein Minimum reduziert durch zeitfressenden Medienkonsum. Es tritt eine seelische Erkältung ein, weil die Kinder nicht selbst die Welt erobern, sondern die Welt ihnen erobert wird, da sie nur passive Zuschauer von Abläufen sind, die sie in der Wirklichkeit selber erfahren wollen. Die Folgen dieses «Kälteprozesses» treten spätestens im Jugendalter auf, wenn bis dahin keine tragenden seelischen Beziehungen erlebt wurden. Wie gefährdet Jugendliche sein können, wenn sie diese Eigenerfahrung in gelebten Freundschaften nicht gemacht haben, ergibt eine Umfrage in den Vereinigten Staaten unter den Selbstmordkandidaten unter 18 Jahren, die den Selbstmordversuch abgebrochen haben – eine halbe Million jährlich! Sie sind gefragt worden, was sie denn zum Abbruch geführt habe. Sie antworteten in den meisten Fällen: Die Erinnerung an einen Menschen, zu dem sie eine tiefe Beziehung empfinden.

> Sind echte zwischenmenschliche Begegnungen nicht mehr gegeben, bleibt seelische Entwicklung stehen.

Unverbindlichkeit, Relativismus, Beliebigkeit bis hin zum Lebensüberdruss sind häufig die Folge. Die Werbung einer Computerfirma mag den Trend dazu verdeutlichen:

Es wird ein Spot eingeblendet, in dem sich Jugendliche streiten und den Konflikt offensichtlich nicht lösen können. Suggestiv erscheint von der anderen Bildseite her ein Computerbildschirm, das Internet ist eingeschaltet: eine zufriedene, glücklich dreinschauende 15-jährige Schülerin plaudert mit virtuellen Freunden. Eine Suggestivstimme im Hintergrund erklingt: «Schluss mit den Konflikten! Such dir deine Freunde selbst!»

*Verlust der Beziehung zu sich selbst*

Die vierte Entfremdung folgt aus den drei zuvor skizzierten: Wenn das Vertrauen in den Lebensraum, in die Lebensrhythmen, in die seelischen Beziehungen zu den Mitmenschen gestört ist, kann keine Beziehung zu sich selbst aufgebaut werden.

> Da, wo der Kontakt zu sich selbst nicht mehr vorhanden ist, wird der Mensch manipulierbar und verfügbar für Machtzugriffe von außen.

Kinder und Jugendliche erleben dieses Abgeschnittensein von Idealen und von sinnstiftenden Begegnungen mit anderen Menschen besonders dadurch, dass ihnen kaum noch geistige Orientierung vorgelebt wird.

Zusammenfassend lässt sich feststellen, dass die beschriebenen Beziehungsverluste die kindlichen Daseinskräfte auszehren. Was sind diese Kindheitskräfte?

## Kindheitskräfte

Ein Kind verfügt über vertrauensvolle *Hingabekräfte*. Es kann sich in all seiner Hilfsbedürftigkeit vorbehaltlos seiner Umwelt anvertrauen.

Aus diesen Hingabekräften heraus kann das Kind auch in einem Maße *verzeihen*, das uns oft beschämt dastehen lässt.

Nie wieder können wir uns so bedingungslos, so *Raum und Zeit vergessend* hingeben an eine Tätigkeit wie das spielende Kind.

Kinder sind von Natur aus, wenn man sie in ihrer natürlichen Entwicklung nicht stört, *wahrhaftig*, denn sie sind noch ganz und gar eins mit sich und der Welt.

Diese Kräfte sind im äußersten Maß gefährdet in einer Gesellschaft, die auf Grund von Entfremdungen durch die entgegengesetzten Kräften bestimmt ist.

Werden die Kindheitskräfte, diese «Beziehungshüllen», schon im frühen Kindesalter zerstört, hat das Konsequenzen für das ganze spätere Leben.

## Warum Huckleberry Finn nicht süchtig wurde

Diesen Titel trägt ein Buch von Eckhard Schiffer[16], in dem er Sucht folgendermaßen beschreibt:

«Sucht hat viele Gesichter und viele Begründungen. Mit Sucht ist ein Handeln gemeint, über das ein innerer Zustand des Unglücklichseins, der Spannung und der Unruhe oder der qualvollen Leere verändert werden soll. Die innere Friedlosigkeit soll beendet werden. Angestrebt wird also Befriedigung. Jedoch führt dieser Weg

> Durch Drogenkonsum wird oft versucht, das nachzuholen, was in der Kindheit nicht erlebt wurde: Vertrauen in das Leben, in die Zeit, in die Mitmenschen; Beziehungswärme und Daseinsfreude.

über kurzfristigen Scheinfrieden in die Selbstzerstörung. Und der Weg wird meist weiter beschritten, obgleich die Folgen bekannt sind – trotz ‹Aufklärung›.»

Schiffer fragt:

«Was hat das alles mit Huckleberry Finn zu tun?»

Und er antwortet:

«Huckleberry ist in Mark Twains Geschichten um Tom Sawyer der Bürgerschreck – faul, verwahrlost, ohne festen Wohnsitz; der Vater ein gewalttätiger Säufer, von der Mutter ist schon gar nicht mehr die Rede. Nach unseren heutigen Vorstellungen wäre demnach Huckleberry Finn hochgradig gefährdet. Offensichtlich kommt der Huck jedoch gut über die Runden ... Wesentlich ist, was der Schelm Huck in seinem aufsässig-schöpferischen Denken und Handeln vermittelt ... was bei dem Leser und der Leserin sich innerlich rührt, wenn Huck von seinem Leben erzählt: Sympathie, Lachen, Wehmut.

Huck verdeutlicht die zumeist verdrängte Sehnsucht nach einer Welt ohne krankmachende Normen, Regeln und Gesetze, einer eigenen, nicht vorfabrizierten Welt, die mit allen Sinnen erfahren und so in ihrer scheinbaren Banalität zum Abenteuer wird – und zum Abenteuer in der Fantasie einlädt.»

Worüber Huckleberry Finn trotz denkbar ungünstigster Bedingungen verfügt, ist: Zeit, Fantasie, eine natürliche Umgebung und ein Freund. Er schwimmt, taucht, rudert, klettert, er schnitzt, zündelt, rauft, rennt und springt. Er erfährt die Welt mit all seinen Sinnen und ganz nach seinen Bedürfnissen. Er geht auf die Welt zu, wie er es will, ohne sich im Geringsten etwas aufzwingen zu lassen, was ihm nicht behagt.

Selbst manches Schwere, das er erlebt, kann ihm nicht seine unversiegbare Daseinsfreude nehmen. Er bleibt der Gestalter seiner Welt inmitten einer kleinbürgerlich festgelegten Gesellschaft. Unbekümmert und aufsässig lässt er sich ausschließlich von seiner Fantasie, seinen Bedürfnissen, seinen Ideen leiten. Suchtmittel sind nichts für ihn – sein Leben ist viel zu schön, um sich freiwillig davonzustehlen.

*Sucht in ihren verschiedensten Formen
ist oft vermeidbar, wenn die Welt unserer Kinder
vor Zerstörung bewahrt wird und unsere Kinder ihre
schöpferischen Kräfte darin entfalten können.*

E. Schiffer[17]

# Prävention – ist das möglich?

Die Erziehung unserer Kinder ist Gegenstand wachsender Sorge und wachsender Kritik. Die Bücher, die in den letzten Jahren viele Leser gefunden haben, weisen schon in ihren Titeln hin auf die Notwendigkeit, sich zu besinnen auf die Hauptfrage:

Was brauchen unsere Kinder, um auch heute noch zu lebensbejahenden Menschen heranzureifen?

Die Bücher von Peter Struck «Erziehung von gestern, Schüler von heute, Schule von morgen», von Neil Postman «Keine Götter mehr – Ende der Erziehung» und «Vom Verschwinden der Kindheit», von Henning Köhler «Von ängstlichen, traurigen und unruhigen Kindern», von Albert Schmelzer «Erziehung in apokalyptischer Zeit» – sie sind ein beredtes Zeugnis dafür, dass die Zeit wirklich reif ist, sich neu grundlegende Gedanken zur Erziehung zu machen.

Der Lebensraum unserer Kinder hat sich in den letzten Jahrzehnten dramatisch verändert. Die Grundbedürfnisse des Kindes sind jedoch nach wie vor die gleichen:

Sie wollen
- Geborgenheit erleben,
- wahrgenommen werden,
- tüchtig sein,
- lernen,
- die Welt verstehen und erobern,
- geliebt werden.

Sie brauchen
- Zeit der liebevollen Begegnung in der Familie, in der Schule,
- Raum und Möglichkeiten für natürliche Bewegung,
- Zeit, um in endlosen Zeiten fantasievoll zu spielen.

Viele Kinder und Jugendliche zerbrechen heute jedoch innerlich an einer Welt, die diese Erfahrungen immer weniger ermöglicht; an einer Welt, die sie so häufig von Materialismus geprägt, berechnend, kalt und unmenschlich erleben.

# Kindheitskräfte erhalten

Immer häufiger klagen Eltern, dass ihre Kinder nicht mehr wirklich spielen können, keine Fantasie haben, sich kaum noch einer Sache ganz widmen können, kein Vertrauen mehr entwickeln, die Zärtlichkeit der Eltern nicht mehr ertragen können, dass sie schlaflos, respektlos und nervös sind.

Werden hier nicht die Folgen beklagt, die entstehen, wenn unseren Kindern Raum und Zeit verweigert wird, ihre Kindheitskräfte zu entfalten?

- Wo ein einseitiges Leistungsprinzip regiert,
- wo die Entwicklung des Kindes nach festgelegten Normen beurteilt wird,
- wo die momentanen Bedürfnisse der Gesellschaft die Erziehungsziele bestimmen,
- wo die Computerbedienung schon im Kleinkindalter erlernt werden muss,
- wo Kinder zu niedlichen Miniatur-Erwachsenen gemacht werden,
- da gehen Kindheitskräfte verloren,
- da verschwindet Kindheit und mit ihr unsere Zukunft.

Das geschieht nicht zufällig in unserer Zeit, die gekennzeichnet ist von Verunsicherung und Existenzkrisen. Wir alle erleben die zer-

> *Prävention* ist damit alles,
> was willensbildend wirkt,
> was den Willen stärkt,
> was emotionale und soziale Fähigkeiten ausbildet,
> was urteilsfähig macht,
> was befähigt, zwischen Wirklichkeit und Illusion
> zu unterscheiden.

fallenden sozialen Bindungen und die Einsamkeiten, die mit der neugewonnenen Freiheit verbunden sind. Das ist eine Freiheitssituation, die vielen Menschen Angst macht, vor der sie sich abzusichern suchen durch Leistung, Normierung, Imagepflege. Viele Menschen fliehen vor dieser Herausforderung in die Scheinwelt einer Sucht. Der unbequeme Weg der Freiheit wird gegen den scheinbar bequemeren Weg der Abhängigkeit eingetauscht – angesichts der Prognose der WHO, dass in wenigen Jahrzehnten jeder zweite Erdbewohner süchtig sein wird, ein besonders bedrohliches Symptom unserer Zeit.

Es ist wenig verwunderlich, dass die Folgen solcher Ängste am intensivsten an unseren Kindern abzulesen sind.

## Prävention heute

Wie können wir unsere Kinder nun so erziehen, dass sie dieser Welt standhalten können und die notwendige Kraft entwickeln, um in die bestehenden Verhältnisse verändernd einzugreifen und ihre zukunftsvollen Impulse zu verwirklichen?

Ist vorbeugende Erziehung überhaupt möglich? Vorbeugung, Prävention kann in unserer Gesellschaft mit Sicherheit nicht heißen, dass eine Begegnung mit Drogen oder anderen Suchtstoffen verhindert werden kann. Das Ziel muss vielmehr heißen, unsere Kinder und Jugendlichen so zu stärken, dass sie einem Suchtangebot nicht erliegen müssen.

> Verlässlichkeit und Vertrauen, die in der Kindheit erfahren werden, bilden in der Jugend einen tragenden Boden, wenn alle äußeren Brücken abgebrochen werden.

### *Vertrauen bilden*

Häufig haben Kinder mit Drogenproblemen keinen inneren Kontakt mehr zu ihren Eltern. Eltern und Kinder leben zwar noch unter einem Dach, aber Gespräche finden nicht mehr statt. Die eigenen Empfindungen, Erlebnisse, Gedanken werden nicht mehr ausgetauscht.

Es ist daher so ungeheuer wichtig, Kontakt und Gespräch in einem Lebensalter zu pflegen, in dem die Kinder noch von sich aus Nähe und Zuwendung der Eltern suchen. Besteht eine lebendige warme Beziehung zwischen Eltern und Kind, baut sich ein unverbrüchliches inneres Vertrauensverhältnis auf, das den Jugendlichen auch dann noch trägt, wenn er sich äußerlich von den Eltern loslöst. Dieser innere Kontakt zu den bisher so vertrauten Menschen wird oftmals zum Rettungsanker in einer Zeit, in der alle alten Beziehungen abgebrochen werden.

Es wird also wichtig sein, in den ersten Lebensjahren dem Kind z.B. mindestens einmal am Tag einen Zeitraum zu schenken, von dem das Kind zuverlässig weiß: Jetzt sind meine Eltern ganz und gar für mich da; auf diesen Zeitraum kann ich mich verlassen, in dieser Zeit klingelt nicht das Telefon, in dieser Zeit kann niemand hereinplatzen und meine Eltern abziehen.

> Präventive Erziehung ist dann geglückt, wenn der Jugendliche zwischen Illusion und Wirklichkeit unterscheiden kann.

### *Den Tag in Frieden beschließen*

Auch Kinder erleben ihre kleinen Konflikte, ihre Ärgernisse, ihren Unfrieden mit den Spielkameraden, den Geschwistern und Eltern. Es ist für jedes Kind ein Segen, wenn es lernt, die Tumulte des Alltags am Abend zu befrieden. Es ist ein schönes Erlebnis, wenn das Kind in diesem herausgehobenen Freiraum die liebevolle Zuwendung der Eltern erlebt. In dieser Atmosphäre seelischer Wärme ist es möglich, die schönen und die weniger geglückten Ereignisse des Tages zu betrachten, neue Entschlüsse für den kommenden Tag zu fassen und zum Abschluss für das Erlebte des Tages zu danken.

Kinder, die so von dem Tag in die Nacht begleitet werden, können ruhig einschlafen und erfrischt am nächsten Morgen den neuen Tag beginnen.

Dieses abendliche Zwiegespräch – das gar nicht lange Zeit, aber Regelmäßigkeit braucht – ist durch nichts zu ersetzen, erfährt das Kind hier doch zusammen mit dem geliebten Menschen eine liebevolle Wahrnehmung seines individuellen Wesens, an der es sich im Innersten erleben kann. Haben Mutter und Vater diese grundlegende Bedeutung erkannt, werden sie, ob allein oder gemeinsam erziehend, die Kraft für die Pflege dieser abendlichen Minuten aufbringen.

Erleben Kinder die Zeit in ihrer Familie als der ersten Gemeinschaft ihres Lebens in einer solchen warmen, behüteten Atmosphäre, wird die Erinnerung daran die notwendigen Einsamkeiten und Trennungen ihrer Jugendzeit begleiten.

Die erwachende Sehnsucht nach neuen Gemeinschaften ist dann von dem erlebten, wirklichkeitserfüllten Vorbild in der eigenen Familie geprägt.

# Was ich selbst erlebe, kann mir keine Droge bieten

Sinneserfahrungen in den ersten Lebensjahren sind die besten Lehrmeister, um über den physischen Leib, das seelische Erleben, die geistige Auseinandersetzung mit der Welt so umzugehen, dass ich mich selber als Gestalter erlebe und nicht als Opfer der Umstände. Durch ein gesundes Selbsterleben im Leib entwickeln sich ein gefestigtes Selbstwertgefühl und eine Eigenaktivität, die das Lebensgefühl vermitteln: die Welt mit ihrer Gestaltung hängt von mir ab und nicht ich von der Welt.

Die Anregung, Schulung und Pflege der Sinne stellen damit die beste Prävention dar.

Rudolf Steiner hat unermüdlich darauf hingewiesen, wie entscheidend die Pflege der Sinne ist als Voraussetzung für den Menschen, seine Persönlichkeit, sein Ich frei zu entfalten.

Michaela Glöckler hat in ihrem Buch «Die Kindersprechstunde» in einem Überblick die Sinneserlebnisse in ihrer 12-fachen Ausprägung sehr übersichtlich dargestellt. Sie legt dabei die umfassende Sinneslehre Rudolf Steiners zu Grunde, der zu den bereits bekannten Sinnen noch den Lebenssinn, den Wortsinn, den Gedankensinn und den Ich-Sinn erforscht und beschrieben hat.

Der Leib entwickelt in den ersten 6 bis 7 Lebensjahren eine Selbstwahrnehmung in erster Linie über den Tast-, Lebens-, Eigenbewegungs- und Gleichgewichtssinn.

## Der Tastsinn
### vermittelt
Selbsterleben an der Körpergrenze durch Berührung.
Geborgenheit durch Körperkontakt. Existensvertrauen.

*Hinweis zur Pflege*

- Wechsel zwischen Alleinsein und Geborgensein; zärtlichem Körperkontakt und ruhigem Sich-selbst-Überlassen-Sein; Loslassen-Können ist genau so wichtig wie auf-den-Arm-Nehmen.

*Schädigende Einflüsse*

- Äußere Versorgung ohne inneres Annehmen des Kindes
- Zu viel Geborgenheit oder zu viel Alleingelassensein
- Berühren, das mehr der eigenen Lust dient als der Liebe zum Kind

## Der Lebenssinn
### vermittelt
Behaglichkeit, Harmonieerleben, Empfinden,
dass die Vorgänge zusammenstimmen.

*Hinweis zur Pflege*

- Rhythmischer Tagesablauf
- Zuversichtliche Lebensstimmung
- Erleben von richtigem Maß und richtigem Zeitpunkt, das heißt von Ordnungen, die zusammenstimmen
- Freude beim Essen

*Schädigende Einflüsse*

- Streit, Gewalt, Ängstigung
- Hetze, Schreck
- Unzufriedenheit
- Maßlosigkeit
- Nervosität
- Beziehungslosigkeit der Handlungsabläufe zueinander

Der Eigenbewegungssinn
vermittelt
Wahrnehmung der eigenen Bewegung,
Freiheitserlebnis und Gefühl der Selbstbeherrschung
infolge Beherrschung des Bewegungsspiels.

*Hinweis zur Pflege*

- Kinder selbst tätig werden lassen
- Das Kinderzimmer so einrichten, dass alles angefasst werden kann und freies Spiel möglich ist
- Sinvolle Bewegungsabläufe

*Schädigende Einflüsse*

- Kinder auf Schritt und Tritt mit bestimmten Verboten verfolgen
- Fehlende Anregung zum Tätigwerden durch Passivität oder Abwesenheit von Vorbildern
- Bewegungsstau vor dem Bildschirm
- Umgang mit automatischem Spielzeug, das die Kinder zu Zuschauern macht

Der Gleichgewichtssinn
vermittelt
Erleben von Gleichgewicht, Ausgleich, Ruhepunkten, Selbstvertrauen.

Hinweis zur Pflege

- Bewegungsspiel, Wippen, Stelzenlaufen, Springen u. Ä..
- Ruhe und Sicherheit im Umgang mit dem Kind
- Streben nach innerem Gleichgewicht seitens des Erwachsenen

Schädigende Einflüsse

- Bewegungsarmut
- Innere Unruhe
- Depression, Resignation
- Lebensüberdruss
- Ruhelosigkeit
- Innere Zerrissenheit

Besonders in der 2. Phase der Kindheit, die mit dem Schuleintritt beginnt, wird in feiner Weise die Außenwelt wahrgenommen, gekoppelt mit einem sehr sensiblen Selbstwahrnehmen. Entscheidend für diese Sinneswahrnehmung sind der Geruchs-, Geschmacks-, Sehsinn und der Wärmesinn.

Der Geruchssinn
vermittelt
Verbundenheit mit dem Duftstoff.

*Hinweis zur Pflege*

– Differenzierte Geruchserlebnisse aufsuchen an Pflanzen, Nahrungsmitteln, in Stadt und Land

*Schädigende Einflüsse*

– Schlecht belüftete Räume
– Geruchsbelästigungen
– Ekelerregende Eindrücke und Verhaltensweisen

---

Der Geschmackssinn
vermittelt süß, sauer, salzig, bitter;
Zusammen mit dem Geruchssinn differenzierte
Geschmackskompositionen.

*Hinweis zur Pflege*

– Eigengeschmack der Nahrungsmittel durch Art der Zubereitung hervortreten lassen
– «Geschmackvolle» Beurteilung von Menschen und Dingen
– Ästhetische Gestaltung der Umgebung

*Schädigende Einflüsse*

– Geschmacksvereinheitlichende Tendenzen («Ketchup-Abusus» u. Ä.)
– Geschmacklose Bemerkungen
– Taktlosigkeit
– Unästhetische Umgebung

---

Der Sehsinn
vermittelt Licht- und Farbenleben.

*Hinweis zur Pflege*

– Aufmerksam machen auf die feinen Farbunterschiede in der Natur durch das Vorbild des eigenen Interesses daran
– Harmonische Farbzusammenstellung bei der Bekleidung und Wohnungseinrichtung

*Schädigende Einflüsse*

– Fixierung durch destruktive oder «dumme» Bilder
– Grelle Farben
– Fernsehabusus
– Düstere Stimmung
– Interesselosigkeit
– Farblos-triste Umgebung

## Der Wärmesinn
vermittelt Wärme- und Kälteerleben.

*Hinweis zur Pflege*
- Pflege des Wärmeorganismus durch altersentsprechende Bekleidung
- Verbreiten seelischer und geistiger Wärme

*Schädigende Einflüsse*
- Übertriebene Abhärtungsmaßnahmen
- Überheizte Räume
- Unzureichende Bekleidung
- Kalte, unpersönliche Atmosphäre
- Übertrieben-verlogene «Herzlichkeit»

In der 3. Phase der Entwicklung, die zugleich die Phase in das Jugendalter einleitet, verändert es sich nochmals sensibler zur Außenwelt, um neu die Innenwelt zu gestalten. Dazu entwickeln sich dominant der Hörsinn, Wortsinn, Gedankensinn, der Ich-Sinn.

## Der Hörsinn
vermittelt Tonerlebnisse.
Erschließen des seelischen Innenraumes.

*Hinweis zur Pflege*
- Beim Erzählen und Vorlesen von Geschichten die Geschwindigkeit des Sprechens der Aufnahmefähigkeit der Kinder anpassen
- Singen und musizieren

*Schädigende Einflüsse*
- Akustische Überforderung insbes. durch Medien (zu laut, zu schnell, nicht persönlich-menschlich)
- Oberflächliches oder verlogenes Reden
- Unmenschlicher Tonfall

Der Wortsinn
vermittelt Gestalt- und Physiognomieerleben (Gestaltsinn)
bis hin zum Erfassen der Lautgestaltung eines Wortes.

*Hinweis zur Pflege*

- Warmer, herzlicher Tonfall
- Äußeres Verhalten in Gesten und Körpersprache
- Inneres Erleben in Übereinstimmung bringen mit den Äußerungen, da sonst unwahre Eindrücke entstehen
- Sinn für individuellen Ausdruck haben

*Schädigende Einflüsse*

- Abweisende Gesten
- Kühles, neutrales Verhalten, bei dem das Kind nie recht weiß, ob die Eltern nun fröhlich, traurig, zugewandt oder wirklich abwesend sind
- Jede Form von Lüge, so dass Inneres und Äußeres nicht zur Deckung kommen

Der Gedankensinn
vermittelt unmittelbares Sinnerfassen eines
Gedankenzusammenhangs.

*Hinweis zur Pflege*

- Pflege der Wahrhaftigkeit und Stimmigkeit
- Bezug der Dinge und Vorgänge zueinander
- Erleben von Sinnzusammenhängen in der Umgebung

*Schädigende Einflüsse*

- Sinnlose Handlungen
- Verworrenes, unkoordiniertes Denken
- Verdrehen von Sinnzusammenhängen
- sinnloses Assoziieren

Der Ich-Sinn
vermittelt Wesenserfahrung. Unmittelbares Erleben
der charakterlichen Konfiguration eines anderen Menschen.

*Hinweis zur Pflege*
- Frühes Ertasten und Erleben der liebevollen Bezugsperson
- Liebe der Erwachsenen untereinander und zum Kind
- Begegnungs- und Besuchskultur
- Den Anderen wirklich wahrnehmen (das «du» Martin Bubers)

*Schädigende Einflüsse*
- Desinteresse, Nichtachtung und andere Formen der Lieblosigkeit
- Medienkonsum und Umgang mit virtuellen Realitäten, bei denen keine reale Wesenserfahrung gemacht werden kann
- Materialistische Vorstellungen vom Menschen; sexueller Missbrauch[18]

Eine vollständige Entwicklung aller Sinne kann natürlich nur ein Ziel sein, dem wir uns mit unserem Bemühen nähern können. Das Wissen um die Sinnespflege und ihre Bedeutung für die Ich-Entwicklung vermittelt uns jedoch die notwendige Orientierung für eine sinnvolle Prävention. Wie wir später noch sehen werden, ist gerade die Nachreifung des Sinneslebens für die Drogenpatienten eine der Hauptkriterien für eine erfolgreiche Therapie.

*Es geht nicht darum, gegen Drogen zu kämpfen,
sondern für die Individualität,
die mit ihnen fertig werden muss.*

Leitsatz der Drogentherapie

# Was tun, wenn…?

## Ein Nicht-Dialog

- «Du ruinierst dir deine Gesundheit mit dem Zeugs!»
- «Na und, machst du was anderes mit deinem Geschufte und Gehetze, mit deinem Alkohol und deinem Rauchen?
- «Deine Drogenwelt ist doch irreal!»
- «Deine Arbeitswelt, ist die realer? Wo lebst du denn wirklich?»
- «Du isolierst dich von allen Menschen um dich her!»
- «Mit wem lebst du denn wirklich gemeinsam? Weißt du denn überhaupt, wer ich bin?
- «So kann es doch nicht weitergehen! Was willst du mit deinem Leben anfangen?»
- «Weiß ich doch nicht. Auf jeden Fall will ich mehr Spaß haben als du!»

Ob ausgesprochen oder unausgesprochen, dieser Nicht-Dialog wird so oder ähnlich immer wieder zwischen den Generationen geführt.

Hören wir die Sehnsucht nach einem prallen, erfüllten Leben? Hören wir die Anklage, dass unser Leben kaum Vorbilder dafür liefert?

November '99 berichtet die ‹Süddeutsche Zeitung› von der ersten deutschen Fernschule für Schulverweigerer:
- ca. 70.000 Kinder und Jugendliche verweigern in Deutschland den Schulbesuch;
- in Großstädten gibt es Extremfälle, in denen bis zu einem Drittel der Schüler dem Unterricht fern bleiben mit einer strikten Verweigerung über Monate oder Jahre.[19]

> Kinder finden in ihren Familien nicht mehr die Stabilität, die sie brauchen. Die fehlende Stabilität suchen sie in der Schule, doch die ist weitgehend zum «Leistungsort» verkommen.[20]

## Fluchtmittel Droge

Wenn unsere Kinder und Jugendlichen in so überwältigender Zahl aus dieser Welt fliehen, stellt sich als Erstes die Aufgabe, uns offen und fair damit auseinanderzusetzen.

Den Drogenkonsum, das häufigste Fluchtmittel, zu verteufeln und auszugrenzen, wird dieser Zeiterscheinung in keiner Weise gerecht. Die Panik einserseits – wie sie so oft anzutreffen ist, wenn ein Drogenkonsum entdeckt wird – hilft nicht weiter.

So wie die Befürwortung von Drogenkonsum auf Grund bestimmter möglicher Wirkungen andererseits viel zu einseitig ist:

- Die durch den Drogenstoff erzeugten geistigen Erlebnisse sind eben nicht rein geistiger Art, da sie an die Droge gebunden sind und damit zwangsläufig durch eine körperliche Vergiftung entstehen.
- Die positive Entwicklung eines ehemaligen Drogenkonsumenten, der seine Abhängigkeit überwunden hat, ist kein Argument für einen Drogenkonsum. Wer weiß denn von vornherein, dass er das ebenfalls schafft? Tausende von Abhängigen sprechen eine andere Sprache.

Den Jugendlichen muss schon verdeutlicht werden, dass sie ihr unbewusstes Seelenleben nicht klar überschauen und dirigieren können.

«Ich hab' das im Griff» – das ist eines der meist genannten Argumente von Kiffern (Haschisch-Konsumenten). Und das ist nun ausgerechnet die Aussage, die kein Jugendlicher wirklich machen kann, selbst wenn sein Drogenkonsum noch so anfänglich ist. Die Einnahme der Droge hängt von seinem Willen ab, ihre Wirkung danach jedoch bestimmt einzig und allein die Substanz. Hier herrscht keinerlei Selbstbestimmung mehr.

> Sucht ist immer eine zu Ende gekommene Suche.
> Das Gegenmittel zur Suchtstarre ist daher Bewegung –
> Bewegung auf der physischen Ebene, auf der seelischen Ebene, auf der geistigen Ebene.

Aus pädagogischer Sicht kommt es heute verstärkt auf die liebevolle – und nicht panikmachende – Beobachtung des Lehrers und der Eltern an: Bekomme ich mit,

- unter welchen Umständen Drogen genommen werden?
- ob ein Drogenexperiment vorliegt?
- ob es sich um eine Selbstmedikation handelt? (siehe Benjamin, S. 25 ff.)
- ob eine existenzielle Krise vorliegt?
- ob sich eine tief greifende Veränderung zeigt?

Hier haben Aspekte des Kriminellen, der Legalität oder Illegalität nichts zu suchen. Hier ist nur der liebevolle, therapeutische Blick und der Wille gefragt, Entwicklungshilfe zu leisten.

Die Jugendlichen fordern von uns eine Haltungsänderung. Es geht nicht darum, *gegen* Drogen zu kämpfen, sondern es geht darum, *für* etwas zu kämpfen – und zwar *für die Ich-Aktivität, für die Bedingungen, die für die volle Entwicklung des Ich notwendig sind.*

Gelingt uns dieser Kampf für die Ich-Aktivität im Kind und im Jugendlichen, dann haben sie alle Chancen, der Sogwirkung der Droge ein Gegengewicht zu setzen.

Die Grundgeste eines jeden Drogenkonsums wie jeden anderen Suchtverhaltens – auch der Kritiksucht, der Arbeitssucht und vieler anderer alltäglicher Süchte – ist eine Erstarrungsgeste. Jede Art von Suchtprävention wie auch von Suchtüberwindung kann damit nur eins zum Ziel haben – und das ist *Bewegung.*

*Was wir heute brauchen, ist nicht in erster Linie Drogenaufklärung, sind nicht normierte Leistungsmaßstäbe, fremdbestimmte Karriereziele, sondern Lernmöglichkeiten, in denen wir Niederlagen, Ohnmachtssituationen, Krisen lernen zu ertragen, zu verstehen und innerlich zu überwinden.*
Oberstufenschülerin, 11. Klasse.

Am einfachsten ist sicher das Bewegungsangebot im Physischen zu gestalten.

Aber wie sieht es auf der seelischen Ebene aus? Was bieten wir da unseren Kindern und Jugendlichen? Wo erleben sie heute,

- dass wir uns unseres Lebens freuen,
- dass Arbeit auch Freude macht und nicht nur grauenhaft ist und abgeleistet werden muss,
- dass es Sinnvolles im Leben zu tun gibt,
- dass wir uns voller Hoffnung immer wieder neu einsetzen,
- dass Konflikte und Krisen schwere, aber großartige Herausforderungen sind, um uns an ihnen weiterzuentwickeln,
- dass Fehler und Versagen wichtige Aufforderungen sind, es wieder neu zu versuchen, um es besser zu machen,
- dass wir nicht nur am Guten interessiert sind, sondern ebenso am Bösen – weil es seine Aufgabe hat in unserer Zeit,
- dass wir unsere Zeit lieben, so wie sie ist?

## Was tun im Elternhaus, wenn …?

Else Meier, eine der eindrucksvollsten Persönlichkeiten im Umgang mit Drogenfragen, hat aus ihrer reichen Erfahrung zehn Regeln aufgestellt für Eltern, die mit dem fortgeschrittenen Drogenkonsum ihres Kindes fertig werden müssen. Diese Regeln sind so treffend und hilfreich, dass ich sie hier zitieren möchte:

1. Befreien Sie sich von dem Gedanken, Sie könnten den Abhängigen zur Einsicht zwingen. Er lebt in einer anderen, in seiner Realität.
2. Stellen Sie darum Ihre Realität so ruhig und so sicher wie möglich gegen die seine. «Du magst das so sehen, so empfinden, wir sehen das anders.»
3. Verschwenden Sie keine Zeit damit, nach Hinweisen und Spuren möglichen Drogenkonsums zu suchen.
4. Üben Sie innerhalb der ganzen Familie in diesen Punkten einheitliches und konsequentes Verhalten und unterlassen Sie es, sich für dieses Verhalten gegenüber dem Abhängigen zu rechtfertigen.
5. Nehmen Sie dem Abhängigen nicht das Geringste ab zur Lebensbewältigung, was er eigentlich selbst tun könnte.
6. Wenden Sie sich dagegen wieder mehr Ihren eigenen Interessen und denen der übrigen Familie zu. Es wird dem Abhängigen schmerzhaft deutlich machen, wie sehr die Droge ihn isoliert.
7. Sprechen Sie in seinem Beisein miteinander über ihre Erlebnisse, Erkenntnisse, Empfindungen, über Freuden, aber auch über Schwierigkeiten. Wenn nicht mit ihm, so doch, wenn er dabei ist. Er hört mehr als er zugibt.
8. Stellen Sie seinem Konsum von künstlichen Erlebnissen Ihr wirkliches Erleben, seiner konsumierten Kommunikation echte Gemeinschaft gegenüber, statt darüber zu diskutieren.
9. Verweilen Sie nicht mit Ihren Gedanken in der Vergangenheit oder Zukunft, sondern gehen Sie mutig den heutigen Tag an.
10. Bewahren Sie Geduld, üben Sie sich in Gelassenheit und verlieren Sie nicht die Hoffnung.

Mit Hilfe dieser Regeln stellen Eltern der Drogenwelt, in die sich Ihr Kind durch seinen Konsum begeben hat, ihre eigene Welt klar gegenüber. Eine Klarheit, die den Konsumenten zu der Einsicht verhelfen kann, wie weit er sich bereits der Gesetzmäßigkeit der Droge unterworfen hat.

> Gut ist das, was der Entwicklung dient – schlecht ist das, was die Entwicklung hemmt.

# Was tun in der Schule, wenn …?

Lassen Sie mich zu diesem Thema auf einige typische Fragen aus der Schulpraxis antworten.

*Sollte nicht jede Schule einen klaren Regelkatalog aufstellen, der den schädlichen Drogenkonsum von der Schule verweist?*

Starre Regeln und Verurteilungen mit dem Ziel, den Drogenkonsum der Schüler zu verhindern, werden nicht viel bringen. Das hat die offizielle Drogenpolitik der Vergangenheit klar gezeigt. Es kann nicht um «Verhindern» und «Ausgrenzen» gehen, sondern in erster Linie um «Verstehen».

Zunächst einmal gibt es eine für alle Schulen gültige Regel: Der Drogenkonsum ist nicht erwünscht. Es wird in der Schule keine Droge konsumiert. Wenn das doch geschieht, ist Handlungsbedarf angesagt.

Als weiteres sollte für jede Schule gelten, dass jede Form von Dealen im Schulbereich nicht stattzufinden hat. Wenn es geschieht, muss sofort eingeschritten und der betreffende Dealer aus dem sozialen Zusammenhang herausgenommen werden. Insofern gibt es eine grundsätzliche, für alle verbindliche Regel: Der Drogenkonsum wird nicht als normal angesehen. Kommt er vor, so muss dem individuellen Schüler und seiner Situation gemäß gehandelt werden. Dazu ist Urteilsbeweglichkeit notwendig.

Sogar ein Drogenexperiment kann der Entwicklung dienen. Das kann aber natürlich nicht verallgemeinert werden, denn *niemand* kann im Voraus wissen, ob eine Drogenerfahrung zur inneren Erstarrung, zur Suchtgeste führt oder eventuell zu einer Weiterentwicklung.

*Sie würden also den Lehrern nicht starr raten: Bloß keine Drogen!*

Wir können den Jugendlichen sowieso nicht vorschreiben: Konsumiert keine Drogen! Die Jugendlichen haben eine natürliche Neigung zu dieser Bewusstseinserweiterung.

Der Jugendliche fühlt sich in der Pubertät eingekerkert in seinen Leib, eingezwängt in Regeln, eingepfercht in Verhaltensmuster, die er nicht kritiklos einfach übernehmen kann. Von daher ist eine revolutionäre Sprengkraft in jedem Jugendlichen vorhanden, genau diese einengenden Momente zu sprengen und weit über die Grenzen hinauszugehen. Von daher hat die Droge eine sehr natürliche Nähe zum Jugendalter, denn der Jugendliche wird natürlich nur mit Hilfe äußerster innerer Anstrengung und Überwindung selber zu beglückenden und befreienden geistigen Erlebnissen kommen. Unsere Jugendlichen haben aber heute nicht mehr genügend Vorbilder, an denen sie lernen könnten, wie Konflikte zu überwinden und Durststrecken zu durchstehen sind.

> Die Droge verspricht, was wir im Sozialen nicht leisten!
>
> Wenn die menschliche Begegnung nicht innerlich wärmt, werden wir die Scheinwärme der Droge nicht verhindern können.

Solange wir im Sozialen, in der menschlichen Begegnung, auch in kritischen Lebensaugenblicken nur Forderungen an den anderen und nicht an uns selbst stellen, solange wir uns unsozial verhalten und uns gegenseitig keine Entwicklung zugestehen, dürfen wir uns nicht wundern, dass Drogen heute so attraktiv sind und immer attraktiver werden. Wir können nicht gegen das eine kämpfen und für das andere nichts tun, das ist sinnlos.

Ich würde nie sagen: Jugendliche, macht eure Erfahrung mit Drogen! Nur *wenn* sie sie machen, sollten wir nicht gleich in Panik verfallen und sie vor allen Dingen nicht sofort aus dem Schulzusammenhang ausschließen. Wir sollten stattdessen sehr genau das Motiv und die individuelle Tragfähigkeit des Konsumenten prüfen: Was ist hier kompensierbar? Was können wir in der Schule aus-

> Das klare Wissen um die Wirkung der einzelnen Drogenstoffe verhindert nicht ihren Konsum – gibt aber die Möglichkeit, eigenverantwortlich über den Drogenkonsum zu entscheiden.

gleichen? Wann wird eine spezifische Therapie notwendig? Wann muss außerhalb der Schule therapiert werden?

*Ist Unterricht überhaupt dazu da, sich mit Drogen auseinanderzusetzen?*

Unbedingt! Wo sollten die Kinder und Jugendlichen sonst sachlich und klar informiert werden? Denn sachliche Aufklärung ist das absolut Erste. Nicht Panik verbreiten, nicht Angst erzeugen, sondern Klarheit schaffen auf dem Gebiet der Drogenwirkung.

Jedes Mal, wenn ich mit Oberstufenschülern arbeite und die nüchternsten Tatsachen zur Wirkung von Ecstasy darstelle – wie den Angriff auf den synaptischen Bereich im Gehirn, die irreversiblen Prozesse, die Ausschüttung des gesamten Serotonin-Gehalts, was die begehrte Euphorie bewirkt, die biochemischen Folgeprozesse auf Grund dieser Stresssituation im Synapsenbereich, die möglicherweise selbstindizierten endogenen Depressionen – wenn ich das darstelle, dann erlebe ich erschütternd oft, wie die Schüler nur noch eine Frage stellen: Wieso ist uns das bisher noch nie gesagt worden?

*Sind einige Stunden Aufklärungsunterricht dann nicht ausreichend für das Thema Drogen?*

Das ist mit einigen Unterrichtsstunden nicht getan. Grundsätzlich haben die Drogen die Eigenschaft, sich im Verborgenen zu entfalten. Dazu gehört, dass jeder Drogenkonsum als etwas Schlimmes, moralisch Schlechtes behandelt wird, was zu verbergen ist, worüber man nicht offen, sondern nur in Form von Gerüchten und Verdächtigungen spricht. Das haftet der Droge als dämonische Beiwirkung an. Diese Dunkelzone um den Drogenkonsum gilt es zunächst zu durchbrechen.

> Wo Offenheit, Klarlegung, objektive Beurteilungskriterien herrschen, ist die Droge entmystifiziert und ihrer Wirksamkeit Macht entzogen.

Für die Lehrer und die Eltern gehört dazu:

- dass sie sich *selbst* kundig machen – sowohl was die Drogen, als auch was die Konsumenten angeht;
- dass sie jegliche Verurteilung überwinden und lernen, die Phänomene objektiv wahrzunehmen und zu verstehen;
- dass sie ihre Angst vor dem Drogenkonsum ablegen und den *Konsumenten* in den Mittelpunkt ihrer Wahrnehmung und ihres Bemühens stellen – und nicht die Droge;
- dass es ihnen nicht um Ausgliederung, sondern um liebevolles Wiedereingliedern geht.

Für die Schüler gehört dazu:

- dass sie Vertrauen fassen zu ihren Erziehern;
- dass sie offen über ihre Probleme, bzw. über die Wahrnehmung der Probleme anderer sprechen;
- dass sie sich selbstkritisch mit Verantwortung, Freiheit, Eigenaktivität auseinandersetzen.

Wenn Gesetzmäßigkeit und Wirkung der Drogenstoffe klar vermittelt werden, wenn offen über die individuell ganz verschiedenen Reaktionen auf die Substanzen und ihre Unberechenbarkeit gesprochen wird, verliert die Droge weitgehend ihren Reiz des Verborgenen und Verbotenen.

Es wird sicher deutlich, dass es sich hierbei nicht um ein paar Unterrichtsstunden handelt, sondern um einen Prozess, auf den sich einzulassen alle Beteiligten bereit sein müssen. Wie lohnend ein solcher Prozess ist, trotz all der damit verbundenen Hindernisse und Mühen, wird meist erst im Rückblick deutlich.

*Das pädagogische Prinzip
wird zum therapeutischen Prinzip ...*

# Anthroposophische Drogentherapie

## Therapiephasen

Aus der Erkenntnis, dass bei vielen Süchtigen ein Mangel an Wärme, tiefem Erleben, an Sinnhaftigkeit des Lebens besteht, haben anthroposophische Therapiestätten Konzepte für eine Heilung entwickelt.

Die Aufgabe in den ersten Phasen der Therapie besteht darin, die durch die Sucht erzielten passiven Scheinerlebnisse zu ersetzen durch wahre, wirklichkeitsgesättigte Erlebnisse. Die verschiedenen Phasen ergeben sich aus der Einsicht, dass die vom Süchtigen erstrebten Erlebnisse charakteristisch sind für die Erfahrungen, die in den ersten drei Jahrsiebten des Lebens gemacht werden.

Um das Anliegen der Therapiephasen zu verdeutlichen, möchte ich die Phasen einer ungestörten Entwicklung bis zum 22. Lebensjahr darstellen.

*Die Entwicklungsphasen der ersten 3 Jahrsiebte*

> Eine gesunde Entwicklung der Individualität erfordert *im 1. Jahrsiebt* eine lebendige Auseinandersetzung mit der eigenen Leiblichkeit.

Die mehr auf den Leib hin orientierten Sinnestätigkeiten sind so zu fördern und zu pflegen, dass dem natürlichen Nachahmungsdrang des Kindes genügend gesunde, wirkliche Vorbilder gegeben werden. Den sinnvoll vorgelebten Tätigkeiten sowie den rhythmischen Tagesabläufen kommt in dieser Zeit der leiblichen Entwicklung eine besondere Bedeutung zu. Wirken diese doch ein auf

Organe und Körperfunktionen bis in die Bildung hinein. Auf diese Weise wird der Wille des Kindes gesund ausgebildet.

> *Das 2. Jahrsiebt* ist die Phase der lebendigen Gefühlsentwicklung. Das Vorbild des Erwachsenen spielt dafür eine entscheidende Rolle.

Wichtig ist nun, dass das Kind sich an der geformten Gefühlswelt des Erwachsenen orientieren lernt, aber auch dass es ermutigt wird, die Sinne zu beleben, die es mit der Außenwelt in Verbindung bringen. In diesem Alter braucht das Kind eine geordnete und schön gestaltetet Umwelt. Die Welt muss ihm zum verheißungsvollen Erlebnisraum werden. Die Möglichkeit, sich gefühlsmäßig einzubinden in seine Umwelt, sich angenommen und geliebt zu fühlen, ist für das Kind in diesem Alter ganz entscheidend. Nur so kann es Orientierung finden und ein gesundes Gefühlsleben entwickeln.

> *Im 3. Jahrsiebt* braucht der Jugendliche eine lebendige Auseinandersetzung mit dem Geistigen. Seine heftige Auseinandersetzung mit der sinnlichen Welt muss an den Idealen und an der Liebe zu Wahrheit und Wirklichkeit Orientierung finden.

Der junge Mensch muss zutiefst den Unterschied zwischen Wahrheit und Irrtum, Sein und Schein erfahren. Dazu gehört, dass dem Jugendlichen immer mehr Verantwortungsräume zugebilligt werden, in denen er seine eigenen Erfahrungen mit der Umwelt machen kann. Dabei muss er Fehler machen dürfen. Zugleich braucht er gerade jetzt Anregungen und Erfahrungen durch Welt und Mitmenschen. Begeisterung und Engagement wirken weckend auf seine geistigen Fähigkeiten, so wie Resignation und Negativität lähmend wirken. In dieser Zeit ist der Erwachsene ganz besonders gefordert, einen immer neuen Aufrichteprozess vorzuleben und dem Jugendlichen Tätigkeitsfelder für seine Erkenntnissinne, für seine Sozialsinne – wie Rudolf Steiner sie auch nennt – zu bieten.

So sehen wir, wie das menschliche Ich sich in den ersten 3 Jahrsiebten entwickelt in leiblicher Tätigkeit, seelischer Tätigkeit und geistiger Tätigkeit. Gebunden an diese Tätigkeitsfelder steht es noch nicht frei zur Verfügung, um sich ich-haft mit der Welt auseinanderzusetzen. Das ist erst dann möglich, wenn diese Ich-Tätigkeiten zu einem ersten Abschluss gekommen sind im Alter zwischen ca. 18 und 21 Jahren.

> Jede verfrühte Auseinandersetzung mit Zeitphänomenen raubt der eigentlichen Ich-Tätigkeit Kräfte. Das kann dazu führen, dass die Ich-Kraft im spätereren Lebensalter nicht in ihrem vollen Umfang für die Auseinandersetzung mit der Außenwelt und ihren Zeitangriffen zur Verfügung steht.

Die Phasen der Suchttherapie versuchen, den Patienten die Erlebnisse dieser drei Jahrsiebte so nachholen zu lassen, dass er seine Erlebnisdefizite, die ihn u.a. in die Sucht führten, ausgleichen kann.

## Der therapeutische Weg

Seit Jahren arbeiten anthroposophische Therapiestätten an der Verwirklichung dieser Anforderungen. Wie dies die Therapeuten in der Gemeinschaft mit den Patienten selbst durchleben, macht der therapeutische Weg deutlich, der sich in seiner Grundform in vier Stufen beschreiben lässt:

- *Auf der ersten Stufe* muss sich der Therapeut mit warmem Interesse seinem Patienten zuwenden mit der innerlich regen Frage: Wer bist du? Hier gilt es, den Drogenpatienten in seiner Not wie auch in seinem Wesen zu erfassen.
- *Auf der zweiten Stufe* verbindet sich der Therapeut wahrnehmend und hingebungsvoll mit seinem Patienten, sodass er ihn innerlich und äußerlich auf seinen Schritten zur Heilung begleiten kann unter weitgehender Hintansetzung persönlicher Wünsche. Das bedeutet, dass er sich von seinen persönlichen Vorstellungen, wie der Patient ist und zu sein hat, befreit und sich ausschließlich um die Wahrnehmung der Realität bemüht mit Liebe zum kleinsten Detail.
- *Auf der dritten Stufe* gilt es, die für die Heilung notwendigen Krisen des Patienten sinnvoll zu begleiten. Nicht ein schnelles Helfen aus der Krise, nicht ein verstärkendes Mitleid, nicht ein wissendes Trösten können hier helfen; der Patient muss die Tiefe seiner Krise allein durchschreiten, soll sie ihm wirklich zu einer Wende in seinem Innern verhelfen. Den liebevollen Begleiter neben sich zu wissen, der die Not mit ihm teilt, ist dem Patienten allein eine sinnvolle Hilfe. In diesem Stadium der Therapie werden mit dem Patienten schmerzvolle Biografiegespräche geführt, die nach der Ursache für seinen Ausstieg forschen. Jetzt muss der Wunsch in ihm entstehen, selbstständig und aktiv nach seiner ganz individuellen Lebensaufgabe zu suchen. In dem Ringen um das eigene Lebensmotiv findet die Drogenwirkung mit ihrem Strudel der Ent-Ichung ein Gegengewicht.

Ist das Lebensmotiv von dem Betroffenen ich-aktiv im letzten Stadium seiner Therapie gefunden, wird er sein Leben auf einer Ebene fortsetzen können, die ihm wesensgemäßer ist, als es diejenige war, aus der er durch seine Suchtgeste ausbrach. Hat er seine Ich-Kraft bis zu diesem Punkt entwickeln können, muss er sie nun sorgfältig pflegen und mit wachem Bewusstsein jeder Verlockung bereits im Keim entgegentreten. Lässt er sich auch nur für einen Moment dieses Bewusstsein trüben,

> Den Kampf mit den Dämonen der Suchtstoffe kann nur eine Gemeinschaft gewinnen, die sich eine geistige Kraftquelle erschließt.

besteht die unmittelbare Gefahr des erneuten Absturzes. Diese Gesetzmäßigkeit ist so rigoros wie die Drogenwirksamkeit selbst.

- *Die vierte Stufe* verlangt von dem Therapeuten äußerste Selbstlosigkeit, indem er in dem Maße der wachsenden Selbstständigkeit des Patienten die Verbindung zu ihm löst, um so eine neue Ebene der Weltverbindung für den ehemaligen Drogensüchtigen zu ermöglichen, die er dann in Eigenverantwortung und mit neu erworbenem Selbstbewusstsein betreten kann.
- Dies ist für den Drogensüchtigen ein Weg der Selbstfindung, für den Therapeuten ein Weg der selbstlosen Hingabe an den Patienten. Die Kraft dazu muss sich der Therapeut holen, indem er immer wieder um Überwindung selbstsüchtiger Wünsche, egoistischer Gefühle ringt. Jede geleistete Überwindung gibt ihm Kraft für seine Aufgabe. Alleine wäre er der Auseinandersetzung mit sich und seinen Schwächen sowie mit den Dämonen der Suchtstoffe nicht gewachsen. Diesen Kampf kann nur eine Gemeinschaft aufnehmen, die sich eine gemeinsame Kraftquelle erschließt. Und so wird in diesen Therapiegemeinschaften in rhythmischen Abständen an einem vertieften Verständnis der Drogensucht, an ihrer umfassenden Erforschung gearbeitet, indem die Therapeuten sich gemeinsam bemühen, die dafür notwendigen spirituellen Erkenntnisquellen zu erschließen. Wird der individuelle Übweg beschritten und um die Erfüllung der Gemeinschaftsaufgabe gerungen, wachsen Überwindungskräfte, die helfen, mit der Drogensucht zeitgemäß umzugehen.

*Ich bin ein freier Mensch! Ich will unter keinen Umständen ein Allerweltsmensch sein. Ich habe ein Recht darauf aus dem Rahmen zu fallen, wenn ich es kann. Ich wünsche mir Chancen, nicht Sicherheiten, ich will dem Risiko begegnen, mich nach etwas sehnen und es verwirklichen, Schiffbruch erleiden und Erfolg haben. Ich habe gelernt selbst für mich zu handeln, der Welt gerade ins Gesicht zu sehen und zu bekennen, dies ist mein Werk. Das alles ist gemeint, wenn wir sagen: Ich bin ein freier Mensch.*

*Albert Schweitzer*

# Ich habe einen Traum

Was wäre die allerbeste Voraussetzung für Kinder und Jugendliche heute, mit einer Suchtgesellschaft fertig zu werden?
Es müßte in ihnen entwickelt sein:

- Eigenwille: Ich will etwas und kann es auch tun.
- Selbstwertgefühl: Ich werde um meiner Selbstwillen geliebt, meine Gefühle haben einen Wert.
- Gesprächsbereitschaft: Ich kann mich auf der Sprachebene auch über problematische Dinge des Lebens auseinandersetzen, ich bin kommunikationsfähig.
- Selbstständigkeit und Selbstverantwortung: Ich erkämpfe mir meinen Freiraum und lerne für die Folgen meines Handelns selbst einzustehen.
- Konfliktfähigkeit: Nicht jedes Problem haut mich um, Konflikte sind für mich die Reckstange für meine seelischen Muskeln. Ich kann daran erstarken.
- Eigenaktivität: Wenn ich mich selbst einbringe, meine Ideen, meine Fantasien, meine Vorschläge – bin ich nicht Opfer, sondern Gestalter meiner Umstände.
- Erlebnisfähigkeit: Was ich selbst erlebe, kann mir keine Droge bieten.
- Lebensfreude: Ich kann mich jeden Tag über ein kleines Wunder auf dieser Erde freuen, über Menschenbegegnungen, über Erscheinungen in der Natur, vielleicht auch über ein Stück Weiterentwicklung meiner Persönlichkeit.

Dies sind Idealvorstellungen, vor deren Verwirklichung jeder von uns sofort zurückschrecken wird. Doch in den kleinen Schritten liegt der Erfolg. Es ist nicht entscheidend zu fragen, wie erreicht das Kind oder der Jugendliche optimal die genannten Eigenschaften, sondern wie schaffe ich Bedingungen, damit der Wunsch in dem Kind, in dem Jugendlichen *selbst* entsteht, diese Eigenschaften nach und nach zu entwickeln.

# Schluss

Wenn mich beim Schreiben dieses Buches ein Wunsch begleitet hat, dann war es der, das allgemeine Verständnis für Sucht so zu vertiefen, dass hinter ihren vielfältigen Erscheinungsformen eines sichtbar wird – die Not des süchtigen Mitmenschen.

Erst wenn statt der einseitigen Verurteilung der Mensch mit seinen ungestillten Sehnsüchten im Zentrum unseres Interesses steht, können wir Wege für eine individuelle Hilfe finden.

Erst wenn wir uns öffnen für die Jugendseele heute mit ihren Gefährdungen, aber auch mit ihren Lebensmotiven und spirituellen Botschaften, können wir Perspektiven gewinnen, die Begegnung und Hilfestellung neu ermöglichen.

Lassen wir uns darum berühren von ihrem Drogenkonsum, ihrer Resignation, ihren Ausstiegsgesten!

Überwinden wir unser einseitiges Anklagen, überwinden wir unser verharmlosendes «Tolerieren» – beides lässt unsere Jugendlichen gleichermaßen im Stich, lässt sie gleichermaßen ohne Orientierung.

Was sie heute dringender denn je brauchen, ist das, was auch das raffinierteste technische Medium ihnen nicht bieten kann:

die Begegnung mit dem Erwachsenen von Seele zu Seele, unmaskiert, offen und ehrlich.

An der Auseinandersetzung mit ihm und seinem Verhalten, an der persönlichen Betroffenheit des Erwachsenen kann der Jugendliche wach werden für die Grenzen, die er überschritten hat.

In dem gemeinsamen Ringen um eine Grenzziehung, die Sinn macht, kann er lernen, sich neu auszurichten und Verantwortung für sich und andere zu übernehmen.

Das sind Schritte in ein Erwachsenwerden, die entscheidend davon abhängen, wie wir Erwachsene uns auf den Prozess einer offenen Begegnung einlassen, sodass lebendige Beziehung möglich wird. Starre Programme können dafür nur hinderlich sein; mit dem Jugendlichen gemeinsam erarbeitete Verabredungen dagegen stecken die dafür notwendigen Grenzen ab, die jedem den ihm wichtigen Freiraum ermöglichen. Hier sind individuelle Lösungen und klare Konsequenzen gefragt als entscheidende Voraussetzung für ein entspanntes Verhältnis zwischen Erwachsenem und Heranwachsendem; ein Verhältnis, das durch seine Klarheit Raum gibt für einen humorvollen Umgang miteinander, selbst bei Grenzüberschreitungen.

Vieles in dem Buch ist nur fragmentarisch angeschnitten. Zu einer vertiefenden Auseinandersetzung soll die angegebene Literatur Anstoß geben.

Mögen diese Ausführungen helfen, neu Freude zu entwickeln an der Begegnung mit dem Mitmenschen, mit dem Jugendlichen, mit der Welt, mit sich selbst – weil es sich lohnt, sich auf Begegnungen einzulassen, weil sie uns bereichern um die Aspekte des Anderen, weil sie das eigene Verständnis erweitern und Freiheit und Wahrheit in immer tieferem Sinn erlebbar machen.

*Deine Kinder sind nicht deine Kinder.*
*Sie sind die Söhne und Töchter*
*der Sehnsucht des Lebens nach sich selbst.*
*Sie kommen durch dich, aber nicht von dir,*
*und obwohl sie bei dir sind,*
*gehören sie dir nicht.*
*Du kannst ihnen deine Liebe geben,*
*aber nicht deine Gedanken.*
*Du kannst ihrem Körper ein Heim geben,*
*aber nicht ihrer Seele,*
*denn ihre Seele wohnt im Haus von morgen,*
*das du nicht besuchen kannst,*
*nicht einmal in deinen Träumen.*
*Du kannst versuchen, ihnen gleich zu sein,*
*aber suche nicht, sie dir gleich zu machen.*
*Denn das Leben geht nicht rückwärts*
*und verweilt nicht im Gestern.*
*Du bist der Bogen, von dem deine Kinder*
*als lebende Pfeile ausgechickt werden.*
*Laß deine Bogenrundung in*
*der Hand des Schützen*
*Freude bedeuten!*

Khalil Gibran

# Anmerkungen

1 Jacques Lusseyran, *Ein neues Sehen der Welt. Gegen die Verschmutzung des Ich*, Stuttgart ²1996
2 *Weißt du, dass die Bäume reden – Weisheit der Indianer*, Freiburg i.Br. 1998
3 Aus der Zeitschrift *Erziehungskunst*, Nr. 4 (1998)
4 Ebd.
5 *Jahrbuch der Sucht 2000*
6 Thomas Stöckli, *Jugendpädagogik. Was tun?*, Dornach 1998
7 Jacques Lusseyran s.o.
8 Thomas Stöckli s.o.
9 Thomas Stöckli s.o.
10 Simon Flem Devold, *Morten, 11 Jahre. Gespräche mit einem sterbenden Kind*, Stuttgart 1998
11 Thomas Stöckli s.o.
12 Jacques Lusseyran s.o.
13 Rudolf Steiner, *Geistige Hierarchien und ihre Widerspiegelung in der physischen Welt. Tierkreis, Planeten, Kosmos* (GA 110), Vortrag vom 21. April 1909, Dornach ⁷1991
14 Abgedruckt in der Zeitschrift *Info 3*, Heft 12 (1988)
15 Klaus Hurrelmann, zitiert nach: Rüdiger Meyenberg, *Sucht und Erziehung in der Schule*, Oldenburg 1990
16 Eckhard Schiffer, *Warum Huckleberry Finn nicht süchtig wurde*, Weinheim ³1999
17 Ebd.
18 Michaela Glöckler / Wolfgang Goebel, *Kindersprechstunde*, Stuttgart ¹³1998
19 Jutta Pilgram in der *Süddeutschen Zeitung* vom 25.11.1999
20 Else Meyer, *Eltern im Drogenproblem. Erfahrungen durch Selbsthilfe*, St. Augustin ⁴1993

# Literatur

Dietrich Bäuerle: *Suchtprävention und Drogenprävention in der Schule*, München 1996

Andrea Braun: *Weniger ist oft mehr*, München 1998

Bundeszentrale für gesundheitliche Aufklärung, 51101 Köln: *Kinder stark machen – zu stark für Drogen*, München 1998

Karin Dohmen (Hg.): *Drogen – eine Herausforderung für Schule und Gesellschaft*, Köln 1993

Bronwyn Donaghy: *Anna nahm Ecstasy*, Stuttgart 2000

Ron Dunselman: *An Stelle des Ich – Rauschdrogen und ihre Wirkung*, Stuttgart 1996

Frederic Fredersdorf: *Leben ohne Drogen – Zwei Jahrzehnte Synanon*, Weinheim 1995

Lucie Hillenberg / Brigitte Fries: *Starke Kinder – zu stark für Drogen. Handbuch zur praktischen Suchtvorbeugung*, München 1998

Albert Hoffmann: *LSD – mein Sorgenkind*, München 1993

Edwin Hübner: *Drogen verstehen – Kinder lieben – Erziehung wagen*, Stuttgart 1996

Mary Hülsmann: *Risse in der Seele*, Düsseldorf 1994 (biogr. Skizze)

Klaus Hurrelmann / Uwe Engel: *Was Jugendliche wagen. Eine Längsschnittstudie über Drogenkonsum, Stressreaktionen und Delinquenz im Jugendalter*, Weinheim 1998

Klaus Hurrelmann / Harald Petermann: *Drogen, Konsum und Mißbrauch im Jugendalter*, Neuwied 1999

Jahrbuch Sucht 1999. Hg.: *Deutsche Hauptstelle gegen Suchtgefahren*, Geesthacht 1998

Kollehn / Weber (Hg.): *Der drogengefährdete Schüler*, Düsseldorf 1991

Olaf Koob: *Drogensprechstunde*, Stuttgart 1997

Gunther Kruse u. a.: *Fix(en) und fertig? Drogen und Drogenhilfe in Deutschland*, Bonn 1996

Peggy Mann: *Hasch – Zerstörung einer Legende*, Ffm. 1996 (besonders für Jugendliche)

Else Meyer: *Eltern im Drogenproblem – Erfahrungen durch Selbsthilfe*, St. August 1993.

Arman Sahihi: *Designerdrogen*, München 1993

Nicholas Saunders u. a.: *Ecstasy*, Zürich 1994

Eckhard Schiffer: *Warum Huckelberry Finn nicht süchtig wurde*, Weinheim/Berlin 1994

R. Schindler / S. Jucker: *Mia, was ist ein Trip?* Zürich/Kiel/Wien 1994

Wolfgang Schmidbauer / Jürgen vom Scheidt: *Handbuch der Rauschdrogen*, Ffm. 1998

Jörg Schmitt-Kilian: *Drogen*, München 1994

Matthias Seefelder: *Opium*, München 1990

v. Soer / Stratenwerth: *Süchtig geboren*, Hamburg 1991

Josh v. Soer / Marieanne Wolny-Follath: *H wie Heroin – Betroffene erzählen ihr Leben*, Hamburg 1990

Karl Ludwig Täschner: *Drogen, Rausch und Sucht*, Stuttgart 1994

Bernhard van Treeck: *Partydrogen*, Berlin 1997

Felicitas Vogt: *Drogensucht - Weckruf unserer Zeit*, Bad Liebenzell 1998

Felicitas Vogt: *In Ruhe wahrnehmen und abwägen. Interview über den pädagogischen Umgang mit Drogenfragen*. Sonderbeilage der Wochenschrift «Das Goetheanum», Nr. 11, 15.3.1998

Matthias Vogt: *Sehn-Sucht*, Lausanne 1994

# Bildnachweis

Bavaria Bildagentur (S. 63, 82); dpa (S. 20, 46, 48, 65, 100), Erziehungskunst Nr. 4/1998 (S. 22, 23,36); ebenda, Nr. 6/1998 (S. 91); ebenda, Nr. 9/1998 (S. 93); ebenda, Nr. 12/1998 (S. 89, mit freundl. Genehmigung von Christiane von Königslöw, Dortmund); ebenda Nr. 7-8 /1999 (S. 56, mit freundl. Genehmigung von Manu Harms-Schlaf, Stuttgart); Focus 24/1996 (S. 53); Peter Lampasiak, Dortmund (S. 70, 86); Thomas Maurer, Stuttgart (S. 83, 120, 123); Walter Schneider, Stuttgart (S.112)

# Adressen

Anthroposophisch orientierte und angegliederte Einrichtungen, die Mitglied in der IVAES sind. (I.V.A.E.S. = Internat. Vereinigung Anthroposophischer Einrichtungen für Suchttherapie e. V.)

## *Deutschland*

Akademie Wuppertal
Am Kriegermal 3 a
D- 42399 Wuppertal
Tel. 0049/202 612034
Fax. 0049/202 612218

Ergon
Beekloh 149
22949 Ammersbek
Tel. 0049/40 6045915

Friedrich Daumer Haus
Am Schloßberg 1
D- 36391 Schwarzenfels
Tel. 0049/6664 8340
Fax. 0049/6664 7596

Hiram Initiativen
Gotenstraße 12
D- 10829 Berlin Schoneberg
Tel. 0049/30 7883053
Fax. 0049/30 7883464

Lebens und Werkgemeinschaft Leimbach
Junker-Hooß-Straße 4
D- 34628 Willinghausen Leimbach
Tel. 0049/6691 5312

Fax. 0049/6691 6126
PAR-CE-VAL
Sakrower Landstraße 68-70
D - 14089 Berlin
Tel. 030 - 364 313 73
Fax. 030 - 364 313 75
e-mail: par.ce.val@gmx.de

Sieben Zwerge, Heilstätte
Grünwangener Straße 4
D- 88682 Salem Oberstenweiler
Tel. 0049/7544 5070
Fax. 0049/7544 50751

Synanon
Herzbergerstraße 84
D- 10365 Berlin Lichtenberg
Tel. 0049/30 55000-0
Fax. 0049/30 55000220

*Schweiz*

Fondation La Clairière
CH- 1832 Chamby
Tel. 0041/21 9643453
Fax. 0041/21 9643188

VEGA
Bahnhofstraße 60
Postfach
CH- 4132 Muttenz 1
Tel. 0041/61 4621362
Fax. 0041/61 4621366

Dr. med Jürgen Schürholz
Dr. med. Michaela Glöckler
Dr. Robert Kempenich
Dr. med. Olaf Titze

## Für eine neue Medizin

Antworten auf drängende Fragen zum Gesundheitswesen
Hrsg. Klaus B. Harms
175 Seiten, mit zahlreichen Abbildungen, kartoniert

Vier Gespräche vermitteln ein klares und persönlich engagiertes Bild davon, was eine anthroposophisch erweiterte Medizin zu den Grundfragen unseres Gesundheitswesens zu sagen hat.

Dr. med. Bartholomeus Maris

## Sexualität – Verhütung – Familienplanung

Methoden, Entscheidungshilfen, Vor- und Nachteile
Ein Ratgeber aus ganzheitlicher Sicht
143 Seiten, mit zahlreichen Abbildungen, kartoniert

Wird über eine geeignete Methode zur Schwangerschaftsverhütung nachgedacht, steht die Frage nach ihrer Sicherheit meist an erster Stelle. Wer jedoch von Anfang an neben der Zuverlässigkeit auch mögliche Auswirkungen auf Sexualität, Partnerschaft und Familienplanung in seine Überlegungen einbeziehen möchte, findet in diesem Ratgeber eine unentbehrliche Hilfe.

Markus Sommer
## Die natürliche Reiseapotheke
104 Seiten, mit zahlreichen Abbildungen, kartoniert

Wer Naturheilmittel schätzt, wird auch auf Reisen nicht darauf verzichten wollen. Die anthroposophische Medizin bietet viele bewährte Präparate, mit denen man die meisten Krankheiten, die unterwegs auftreten, vermeiden oder wirksam behandeln kann, soweit dies durch Selbstmedikation möglich ist.

Dr. med. Lüder Jachens
## Hautkrankheiten ganzheitlich heilen
Der Ratgeber
aus anthroposophischer Sicht
198 Seiten, mit zahlreichen Abbildungen, kartoniert

Dieser Ratgeber zu Hautkrankheiten zeigt vom Standpunkt der anthroposophisch erweiterten Medizin, welche Art von Selbstmedikation möglich und welche Behandlung durch den Arzt nötig ist.